Les Éditions du Boréal
4447, rue Saint-Denis
Montréal (Québec) H2J 2L2
www.editionsboreal.qc.ca

Des amis bien placés

John Kenneth Galbraith

Des amis bien placés

De Roosevelt à aujourd'hui

Traduit de l'anglais par Serge Paquin

Boréal

Les Éditions du Boréal remercient le Conseil des Arts du Canada ainsi que
le ministère du Patrimoine canadien et la SODEC pour leur soutien financier.

Photo de la couverture : Jerry Bauer

Les photos du hors-texte proviennent de la collection privée de l'auteur.
Comme elles ont été rassemblées au cours de plusieurs décennies,
il n'a pas toujours été possible de déterminer qui en détient les droits.
S'il le faut, l'éditeur ajoutera les crédits d'usage au prochain tirage.

Dépôt légal : 2e trimestre 2000
Bibliothèque nationale du Québec

Diffusion au Canada : Dimedia

L'édition originale de cet ouvrage a été publiée par Houghton Mifflin Company
sous le titre de *Name-Dropping : from F. D. R. on.*

Données de catalogage avant publication (Canada)

Galbraith, John Kenneth, 1908-

Des amis bien placés. De Roosevelt à aujourd'hui
Traduction de : Name-dropping : from F. D. R. on
Publ. en collab. avec : Seuil

ISBN 2-7646-0020-8

1. Galbraith, John Kenneth, 1908- – Amis et relations – Biographies – Anecdotes. 2. Hommes politiques – États-Unis – Biographies – Anecdotes. 3. Hommes politiques – Biographies – Anecdotes. 4. États-Unis – Politique et gouvernement – 1945-1989 – Anecdotes. 5. États-Unis – Politique et gouvernement – 1989- – Anecdotes. I. Titre.

E747.G8214 2000 973.9'092'2 C00-940482-1

À Catherine Atwater Galbraith
pour sa présence constante et agissante

1

Avant-propos

Les livres, à l'instar de leurs auteurs, évoluent de façon imprévisible. L'acte d'écrire lui-même y joue un rôle déterminant. J'ai commencé ce livre dans le dessein de décrire la psyché politique, c'est-à-dire l'ensemble des facteurs d'ordre privé ou public qui, à mon avis, ont permis aux grands dirigeants du siècle d'orienter ou de dominer la vie politique. Certes, mon intention initiale transparaît dans les pages qui suivent, mais elle est peu à peu passée au second plan.

Plus le travail avançait, plus il m'apparaissait intéressant — et je parie qu'il en sera de même pour vous, lecteurs — de traiter des grandes personnalités politiques et de l'impression qu'elles ont laissée à leurs contemporains, dont je faisais partie. Quels sont les souvenirs que je conserve de mes conversations ou de ma collaboration avec Franklin et Eleanor Roosevelt, les Kennedy, Nehru et bien d'autres encore ? L'évocation de ces souvenirs a pris le dessus, mais quelques écueils sont alors apparus.

Les réminiscences et les anecdotes évoquant les rencontres avec les grands de ce monde constituent une forme bien connue d'autoglorification. Elles servent à montrer que leur auteur était au cœur de l'action. Tel n'est pas mon but. Je cherche plutôt à informer et parfois, peut-être, à divertir. Il se peut toutefois que des esprits chagrins veuillent m'accuser de me complaire dans l'étalage de mes relations en haut lieu. Voilà qui explique le titre du livre : rien ne vaut un aveu préalable de culpabilité pour désarmer la critique.

Je tiens à souligner que je ne parle pas seulement des personnalités politiques de mon époque. Il m'arrive souvent de traiter en aparté des événements que j'ai vécus et des responsabilités que l'on m'a confiées. Cela contribue à mieux faire connaître ceux dont je parle. Évidemment, cela peut en révéler encore davantage sur celui qui tient la plume…

En outre, je relate parfois un événement ou une rencontre que j'ai déjà évoqués ailleurs. De cela, je ne m'excuse point. Tout savoir et toute écriture digne de ce nom constituent, dans une certaine mesure, une reformulation de ce qui a déjà été dit.

Une bonne partie du présent ouvrage — la plus importante, en fait — porte sur une époque désormais lointaine, et surtout sur la première moitié du siècle qui s'achève. C'est simplement parce que j'ai été lié aux événements et aux acteurs de cette époque. Il m'arrive parfois de lire ce que l'on écrit sur les femmes et les hommes d'influence aujourd'hui, et même de faire leur connaissance. Je laisse à d'autres le soin d'en parler. Et je me permets d'ajouter que je ne les envie en rien.

On s'étonnera sans doute moins de l'identité des gens que je remémore et célèbre ici que de ceux sur lesquels je ne m'attarde guère. L'explication en est pourtant simple : je parle davantage des gens que j'ai bien connus et au sujet desquels je peux apporter des précisions nouvelles. J'ai rencontré Dwight D. Eisenhower à quelques reprises. Il a été et il demeure l'un des présidents sous-estimés de notre époque. Bien qu'il fût républicain, il a assumé le grand héritage social issu des vingt années de New Deal qu'a légué Franklin D. Roosevelt et il en a fait une partie intégrante du mode de vie américain. Ce que F. D. R. avait entrepris, Truman l'a poursuivi et Eisenhower l'a consolidé. De plus, il a lancé une inoubliable mise en garde contre l'ascendant exercé par le complexe militaro-industriel. Voilà à peu près tout ce que je pourrais dire à propos de Ike.

Le même constat s'applique à une autre personnalité importante, qui est aussi mon contemporain exact. Ronald Reagan et moi sommes cofondateurs d'*Americans for Democratic Action*, organisme qui demeure encore aujourd'hui une voix progressiste d'envergure aux États-Unis. Ronnie, comme on l'appelait à l'époque, nous a abandonnés au moment où sa carrière d'acteur déclinait, et il s'est mis alors à prononcer de très lucratives conférences sur ce que l'on appelait alors le système de la libre entreprise. Sa volte-face, avons-nous toujours pensé, ne s'expliquait pas par une conversion tardive à de nouvelles convictions politiques, mais par l'appât du gain, tout simplement. Quant à la carrière qu'il a faite ensuite, je n'ai été associé à aucun des événements qui l'ont jalonnée. J'en nourris d'ailleurs un certain regret, car Ronald Reagan a été le premier président franchement et résolument keynésien : il a procédé à une relance de l'économie et de l'emploi fondée sur d'ambitieuses dépenses publiques, toutes financées grâce à d'importants emprunts d'État, sources de déficits budgétaires. Cependant, il y a une ombre au tableau qui aurait suscité la réprobation de Keynes : ces dépenses étaient consacrées à l'achat d'armements parfaitement inutiles.

Quant à Jimmy Carter, dont j'ai d'abord fait la connaissance en Géorgie et que j'ai ensuite croisé à quelques reprises, je n'ai jamais appartenu à ses proches. Alors que Ronald Reagan a triomphé en appliquant les politiques économiques que son parti avait si longtemps combattues, Jimmy Carter a été défait à cause de celles que ses adversaires conservateurs l'ont toujours exhorté à mettre en œuvre. Partisans de la vertu, les économistes très réputés dont il s'était entouré estimaient qu'un président ne parviendrait à se faire réélire qu'en combattant l'inflation avec les remèdes douloureux traditionnels : taux d'intérêt élevés, stagnation économique et chômage. La stricte orthodoxie économique triomphait ; un seul détail leur avait échappé : la défaite inévitable qui attendait Jimmy Carter.

George McGovern, qui fut l'adversaire de Richard Nixon à l'élection présidentielle de 1972, a été l'un de mes amis les plus proches et certainement l'un de ceux que j'ai le plus admirés au fil des ans dans le monde de la politique. J'ai joué un rôle modeste dans son investiture en tant que candidat démocrate en 1972 et un rôle non négligeable dans sa défaite. Au Congrès d'investiture démocrate tenu cette année-là, j'ai opposé mon veto, à titre de dirigeant de la délégation du Massachusetts, à son premier choix de candidat à la vice-présidence, c'est-à-dire Kevin White, maire de Boston. Je ne croyais pas pouvoir rallier nos délégués à ce candidat parce que, entre autres motifs, White avait appuyé l'adversaire de McGovern aux élections primaires. Cela aurait créé des tensions inutiles. McGovern s'est ensuite tourné vers Tom Eagleton, au sujet duquel on a tout de suite appris qu'il avait souffert de problèmes psychiatriques tout à fait bénins. De façon malavisée, George a renoncé à présenter la candidature d'Eagleton à la vice-présidence et a dû se lancer, dans un contexte plutôt gênant, à la recherche d'un autre candidat. Sa campagne a donc connu un très mauvais départ. Il aurait dû passer outre à mon opposition. Je ne disserterai pas ici sur George McGovern, peut-être parce que, encore une fois, j'ai peu à ajouter à ce qu'on sait déjà, et surtout parce que je préfère en dire davantage sur ceux avec lesquels ma collaboration s'est soldée par des résultats moins désastreux.

Pour des motifs très différents, je ne parlerai pas non plus ici de Richard Nixon. En 1942, durant les mois difficiles qui ont suivi l'attaque contre Pearl Harbor, il a œuvré pour le Bureau de la gestion des prix, dont j'étais alors responsable à titre d'avocat affecté au rationnement des pneus. Il rédigeait ma correspondance, mais je ne me rappelle pas l'avoir jamais rencontré. Je n'ai pris pleinement connaissance de l'homme et du personnage que lors de sa croisade contre le communisme en général et contre Alger Hiss en particulier. Plus tard, lorsque la liste de ses ennemis fut connue de tous, j'ai su qu'y figurait mon nom, orné, si je me souviens bien, de deux crochets. Dans l'une de ses conversations à la Maison-Blanche qu'il avait enregistrées et qu'il a ensuite dû rendre publiques bien malgré lui, il m'a gratifié du titre d'ennemi numéro un de la saine gestion des affaires publiques. Mais je répète que je ne l'ai jamais rencontré, et c'est pourquoi il ne sera pas question ici de Richard Nixon.

J'ai songé, un certain moment, à consacrer un chapitre du présent ouvrage à Winston Churchill et à Charles de Gaulle. Rarement est-il arrivé — peut-être même jamais — que deux hommes politiques courent de si grands risques avant de remporter un succès si éclatant. Les perspectives d'avenir en 1940 étaient particulièrement sombres, aussi nous leur sommes profondément redevables de la position intransigeante qu'ils ont alors adoptée. Pendant les années de guerre que j'ai passées à Washington, Churchill exerçait un ascendant particulier ; on le considérait, peut-être même davantage que F. D. R., comme l'âme dirigeante de la guerre. J'ai bel et bien rencontré Churchill et de Gaulle, mais seulement après la guerre, et pas pour des motifs d'une importance capitale. Dire quoi que ce soit de ces rencontres équivaudrait effectivement à faire étalage de mes relations.

Beaucoup plus sérieuse est la question du très petit nombre de femmes — seules y figurent Eleanor Roosevelt et Jacqueline Kennedy — évoquées dans ces souvenirs. Cela s'explique très simplement : pendant presque toute la période dont je traite, les femmes ont été très peu présentes dans le monde politique. Il est question ici des postes de responsabilité les plus élevés, qui revenaient presque exclusivement aux hommes, qui étaient leur apanage. Il est vrai que, parmi les femmes des présidents, quelques-unes se sont distinguées. Pendant la présidence de son mari, Nancy Reagan a sans conteste exercé une grande influence. Personne ne s'étonnera que je n'aie jamais noué de liens personnels avec elle.

Au cours d'une conversation dont j'ai déjà parlé, John F. Kennedy a soulevé devant moi la question de la présence des femmes en politique. Il défendait la thèse, profondément rétrograde à mon avis, selon laquelle les femmes souffraient d'un manque inné de talent pour la politique. Il m'a ensuite demandé de citer des femmes qui avaient connu un succès remarquable dans ce domaine. J'ai mentionné Eleanor Roosevelt. Il a abondé dans mon sens et m'a demandé d'en nommer une autre. J'ai hésité pendant un moment et, un peu désespéré, j'ai prononcé le nom d'Élisabeth Ire. Kennedy a éclaté d'un rire moqueur avant d'affirmer : « Il ne vous en reste plus qu'une, Maggie Smith. » Margaret Chase Smith, sénatrice pionnière du Maine, ne comptait pas — nous étions d'ailleurs en désaccord à son sujet — parmi ses personnalités favorites.

Si Kennedy était encore de ce monde, il ne défendrait plus la même thèse. Les femmes demeurent sous-représentées dans le monde politique, mais les changements survenus au cours des trente-cinq dernières années reflètent puissamment la réalité de leurs capacités politiques. Hélas, ces changements sont trop récents pour transparaître dans le présent ouvrage. Et aucune femme n'a encore été élue présidente des États-Unis.

Je parlerai d'abord de Franklin Roosevelt, le premier et, à maints égards, le plus grand des hommes politiques que j'ai connus de toute ma vie. C'est aussi — il n'est peut-être pas inutile de le rappeler — celui qui m'a confié les responsabilités les plus importantes. Ce n'était pas rien d'exercer un contrôle sur le prix de tous les objets vendus aux États-Unis, ainsi que, durant une brève période, sur le rationnement de la consommation. C'est dans le rôle qui m'a été dévolu au sein du Bureau de la gestion des prix que s'incarne l'essentiel de ma collaboration avec F. D. R. Par ailleurs, j'ai également pu observer le rôle déterminant qu'il a joué pendant le New Deal et, plus généralement, pendant toute la guerre. J'aborderai aussi ces questions.

2

Franklin D. Roosevelt (I) Le New Deal

Quand j'étais enfant, au Canada, les présidents des États-Unis n'occupaient pas une place prépondérante dans mes pensées. Certes, à l'école primaire, pendant la Première Guerre mondiale, j'ai bien entendu parler de Woodrow Wilson et du rôle qu'il a joué — ou qu'il n'a pas joué — dans le soutien apporté aux Alliés et aux troupes canadiennes engagées dans ce terrible affrontement. Il en était souvent question dans les conversations des adultes. Par la suite, je n'ai presque rien su des locataires de la Maison-Blanche. Par ailleurs, je me souviens — ce ne pouvait être qu'en novembre 1920 — de mon père qui lisait le *Toronto Globe*, évangile de tous les libéraux bon teint de l'Ontario, et qui m'avait dit qu'un homme du nom de Harding venait d'être élu président des États-Unis. Cela ne semblait pas très important.

En 1932, inscrit aux études supérieures à l'Université de Californie à Berkeley, je professais toujours la même indifférence; de toute façon, en tant que citoyen canadien, je n'avais pas droit de vote aux élections tenues cette année-là. Comme je l'ai déjà dit ailleurs, mon premier contact, bien que plutôt indirect, avec un président des États-Unis a eu lieu à l'occasion d'un discours prononcé en automne par Herbert Hoover, sur la plate-forme d'un train immobilisé dans une gare anonyme d'Oakland. Malheureusement, cette gare se trouvait tout près de ce qui était alors dénommé un *Hooverville,* soit un dépotoir de grosses canalisations d'égout dont on avait bloqué les extrémités pour les transformer en logements à prix exceptionnellement modique. Leurs occupants, n'ayant rien d'autre à faire, s'étaient rassemblés tôt le matin pour écouter le discours; ils ont bruyamment manifesté leur enthousiasme quand le président leur a annoncé que la Dépression était terminée et que, en théorie, ils avaient renoué avec la prospérité.

Mon sentiment d'indifférence, partagé par d'autres représentants de ma génération, s'expliquait entre autres raisons par le fait que, à cette époque, les deux grands partis politiques et leurs candidats semblaient tout à fait dénués d'intérêt. Mes camarades d'études et une partie du corps professoral étaient convaincus que le problème ne résidait pas dans le choix proposé à la population, mais bien dans la nature même du système politique. F. D. R., à l'instar de Hoover, offrait des perspectives complètement dépassées. Il n'y avait que les socialistes et surtout les communistes qui appréhendaient la réalité de cette époque dans toutes ses dimensions. La prudence élémentaire et mon statut de réfugié récent en provenance du Canada rural m'ont tenu à l'écart des milieux communistes. Dans un passage célèbre, Marx n'avait-il pas souligné la « bêtise » de la vie rurale, là où se trouvait mon passé. Plusieurs années plus tard, j'ai décrit tout cela dans un article de magazine et, ultérieurement, j'ai pu constater, à la lecture du dossier constitué par le FBI à mon sujet, que deux professeurs d'économie particulièrement zélés, inquiets de mon accession imminente à la présidence de l'*American Economic Association*, avaient porté de toute urgence mon passé douteux à l'attention de J. Edgar Hoover. Celui-ci leur a exprimé sa reconnaissance mais a donné aucune suite à cette démarche.

La victoire de Franklin Roosevelt en novembre 1932, tout comme la campagne qui l'avait précédée, ne semblait pas annoncer de changements significatifs sur le plan politique ou social. Il était agréable de voir partir Herbert Hoover, mais il ne semblait quand même pas très important que Roosevelt lui succède. Rien ne laissait augurer les bouleversements qui se produiraient bientôt. Les conservateurs d'alors, tout comme leurs homologues d'aujourd'hui, trouvaient rassurant d'entendre le président promettre, dans un important discours prononcé à Pittsburgh et qu'il a ensuite vivement regretté, d'équilibrer le budget. Déjà, à cette époque, c'était le moyen le plus commode de fermer la porte à l'adoption de mesures sociales coûteuses et indésirables.

Ainsi, les résultats de l'élection de 1932 n'ont suscité chez moi que très peu d'intérêt et aucun enthousiasme. L'impression de changement la plus forte m'a été donnée par un jeune collègue quand je l'ai vu ivre de joie à la pensée que la consommation d'alcool deviendrait bientôt légale. Plus besoin de passer par le laboratoire de chimie.

Comme beaucoup d'autres, d'ailleurs plus nombreux qu'on ne le croit, le discours inaugural de F. D. R. ne m'a pas enthousiasmé non plus. Que nous n'ayons « rien d'autre à redouter que la peur elle-même », pour reprendre ses paroles les plus célèbres, était parfaitement inexact : il y avait tant d'autres choses à redouter. Nous estimions que ce discours ne faisait que répéter la rhétorique qu'on rabâchait à Washington, selon laquelle il n'y avait rien de plus urgent que de rétablir la confiance dans le système économique.

Comme ce fut le cas pour bien des gens, mon opinion a complètement changé dans les semaines suivantes, à mesure que prenait forme le programme politique préconisé par Roosevelt, c'est-à-dire le New Deal. Enfin, il se passait *vraiment* quelque chose. Durant la période des Fêtes de 1933, je me suis offert un coûteux voyage à Washington pour constater de visu ce qui s'y passait. J'ai eu le temps de bien voir la ville et beaucoup moins bien l'action entreprise, mais je suis néanmoins rentré en Californie en tant que spécialiste de la politique et des projets que F. D. R. nourrissait pour le pays. Depuis peu professeur à l'Université de Californie à Berkeley, en poste à Davis (qui était alors une annexe du campus de Berkeley) pour enseigner au premier cycle, j'étais devenu l'expert local au sujet des initiatives impressionnantes et déjà multiples que Roosevelt avait lancées. Je donnais des conférences non seulement aux étudiants de premier cycle, profondément indifférents, mais aussi aux professeurs, qui montraient davantage de curiosité, ainsi qu'à un public plus large.

Je n'ai vraiment embrassé la cause de Roosevelt que l'été suivant lorsque, passant de Berkeley à Harvard et ayant du temps libre entre deux trimestres, j'ai été recruté par le ministère de l'Agriculture.

Le ministère de l'Agriculture était alors un foyer de la pensée et de l'action inspirées par le New Deal. Se trouvaient ainsi rassemblées, sous la direction de Henry Agard Wallace, ministre de l'Agriculture, toutes les personnalités importantes de l'époque connues pour leurs positions politiques radicales, de Rexford G. Tugwell et d'Adlai Stevenson à Alger Hiss et à certains communistes notoires. J'étais toujours citoyen canadien, mais, comme je l'ai également dit à maintes reprises, on ne me posait pas de questions sur ma citoyenneté ; il suffisait que je confesse mon allégeance démocrate. La tâche que Tugwell m'avait confiée, avec l'approbation de F. D. R., consistait à déterminer si les millions d'hectares de terres agricoles et forestières saisies pour défaut de paiement des impôts fonciers pendant la Dépression devaient ou non acquérir le statut de propriété publique. Une grande partie du nord du Michigan, du Wisconsin et du Minnesota et de vastes pans du sud des États-Unis appartiendraient dorénavant à l'État fédéral, ce qui permettrait la création de plusieurs splendides parcs nationaux. La modeste compensation prévue aurait constitué une manne pour les gouvernements locaux, qui se seraient ainsi débarrassés de ces terres inutiles. Malheureusement, la recommandation que j'avais formulée en ce sens n'a jamais été examinée sérieusement.

Je n'ai pas fait la connaissance de F. D. R. cet été-là. Il représentait néanmoins la figure dominante de ma vie à l'époque. Il en allait de même pour tous les membres de mon entourage. Nous parlions de lui jour et nuit, à l'exclusion de tout autre sujet. Nous étions très sensibles à un élément central de la personnalité politique de Roosevelt, qui mérite encore aujourd'hui d'être mis en relief. Il possédait une grande intelligence et manifestait une conscience profonde de sa responsabilité sociale, tout en n'étant pas animé par une idéologie envahissante, par d'obtuses convictions. Cela signifiait qu'il était prêt à se laisser convaincre, à envisager toute proposition bien formulée visant à résoudre les douloureux problèmes qui affligeaient l'époque. Il s'ensuivait également que des dizaines, voire des centaines de personnes le sentaient réceptif à leurs arguments et prêt à prendre les mesures qui s'imposaient. Personne n'a jamais dit: « On n'arrivera jamais à convaincre le président. » Les cercles du pouvoir et du gouvernement à Washington n'étaient pas les seuls à éprouver un tel sentiment. On estimait un peu partout que le gouvernement de Franklin

D. Roosevelt était disposé à écouter et à agir. Rien de semblable ne s'était jamais vraiment produit auparavant; rien de semblable ne se reproduirait par la suite. À Washington et dans tout le pays, des citoyens résolus avaient l'impression de pouvoir influencer le cours de l'histoire.

Pour la plupart des Américains, la Dépression a été une période beaucoup plus pénible que la guerre qui l'a suivie. La Seconde Guerre mondiale a été synonyme d'effroi, de mort et de chagrin pour une proportion relativement peu élevée d'Américains. Par contre, la Dépression a été une source de privations et d'insécurité profonde pour un grand nombre de citoyens; en fait, pour la plupart d'entre eux. Sauf pour les soldats, les marins et les aviateurs engagés dans les combats contre les Allemands et les Japonais (et encore, pas pour la totalité d'entre eux), la guerre a été synonyme de prospérité pour les Américains. Les emplois étaient nombreux, la paie était bonne et le niveau de vie moyen s'est élevé. Tous défendaient une noble cause. Tout le contraire de la vie pénible menée durant la Grande Dépression, si bien nommée. Celle-ci a fait éclater au grand jour de graves problèmes économiques, pour la solution desquels personne n'avait d'opinion toute faite ou incontestable. Roosevelt n'était lié, je le répète, par aucun engagement idéologique. Cela signifiait que tous ceux qui étaient animés par la volonté de s'attaquer aux questions sociales pouvaient, dans leur esprit sinon dans les faits, influer sur l'évolution de la politique économique. La marge de manœuvre qui s'offrait s'est élargie au fil des mois, car il était de notoriété publique que le président trouvait les questions économiques profondément ennuyeuses.

Lauchlin Currie, canadien lui aussi, brillant économiste et l'un des premiers adeptes des thèses de John Maynard Keynes, dont il avait quelque peu anticipé les travaux, a été le premier conseiller économique à entrer à ce titre à la Maison-Blanche. Un jour, on l'avait prié de se rendre à Warm Springs pour dresser, à l'intention du président, un bilan de la situation économique et des mesures à prendre, mais il n'est parvenu à le faire que dans le train qui les ramenait tous deux à Washington. Il avait apporté moult documents et tableaux, triés et présentés par thèmes au président. Après avoir jeté un coup d'œil sur le tout, Roosevelt a détourné silencieusement son regard vers la fenêtre. Si Roosevelt avait professé une opinion tranchée et définitive en matière de politique économique, Currie n'aurait été pour lui qu'un simple instrument au service de la volonté présidentielle. Au contraire, Currie, comme bien des gens, sentait qu'il lui revenait d'exprimer cette volonté et que F. D. R. lui signifierait son accord. C'est précisément le sentiment qui m'a habité lorsque m'ont été confiées d'importantes responsabilités pendant la guerre. Nous qui formions l'entourage de F. D. R. l'admirions et l'aimions beaucoup, parce que ses décisions étaient aussi en partie les nôtres, ou du moins nous paraissaient telles. Ainsi, nous admirant nous-mêmes, nous l'admirions également.

Il ne faut quand même pas exagérer cet aspect de sa personnalité. Certes, Roosevelt était agacé par les questions de détails, et certainement par les questions d'ordre technique, qu'il préférait confier à d'autres. Mais il ne perdait jamais de vue les objectifs essentiels. Il considérait les États-Unis comme un vaste domaine prolongeant sa propriété familiale de Hyde Park, dans l'État de New York. Il se sentait investi de responsabilités à l'égard du pays, notamment envers ses citoyens et ses travailleurs. Il arrivait parfois que ce sens des responsabilités se manifeste de façon directe et tangible. Peu après sa première élection, il s'était rendu dans quelques États de la Grande Prairie américaine : le Kansas, le Nebraska et les deux Dakotas. Il avait alors été frappé par la désolation du paysage, qui lui aurait paru beaucoup plus attrayant si les arbres y avaient été plus nombreux. De retour à Washington, il s'est empressé de proposer un programme de reboisement massif — un « rideau d'arbres coupe-vent » — qui a ensuite été mis en œuvre. C'était là la réaction d'un grand propriétaire terrien : une décision pratique visant à relever l'aspect et la valeur foncière de ses terres, un geste de bienveillance en faveur de ses métayers.

Cependant, tout n'était pas que paix et harmonie au domaine. Un conflit particulièrement aigu y faisait rage et, encore aujourd'hui, il est nécessaire d'en préciser la nature. Les programmes qu'on a appliqués au nom du New Deal ont, de toute évidence, eu des répercussions de deux ordres. L'Administration fédérale des secours d'urgence (*Federal Emergency Relief Administration,* ou FERA), l'Administration de la réalisation des travaux (*Works Progress Administration,* ou WPA) et l'Administration de la réforme agricole (*Agricultural Adjustment Administration,* ou AAA) représentaient toutes des sources d'emplois ou de revenus pour les démunis. En matière de revenus — sous forme de pensions de vieillesse et de prestations d'assurance-chômage —, la Sécurité sociale *(Social Security)* a d'ailleurs joué un rôle identique dès sa mise sur pied au milieu des années 1930. Les retombées positives de ces programmes n'étaient pas remises en question, et certainement pas par ceux qui en bénéficiaient.

Les programmes du New Deal avaient également une importante incidence macroéconomique dans tous les États-Unis. Ils suscitaient une augmentation du pouvoir d'achat — c'est-à-dire, en termes du métier, une hausse de la demande globale — qui exerçait à son tour un effet bénéfique sur toute l'économie. Ils étaient clairement conçus pour mettre un terme à la diminution ou à la stagnation de la demande qui, plus que tout autre facteur, caractérisaient la Dépression. En ont directement bénéficié les entreprises et leurs directeurs.

Les entreprises ont également pu compter sur l'aide encore plus immédiate de l'Administration de la relance nationale (*National Recovery Administration,* ou NRA), qui a su amener les sociétés à mettre au point ensemble les fameux codes ayant rendu possibles la fixation des prix et l'arrêt des funestes pratiques de réduction des prix et des salaires, qui avaient constitué l'une des conséquences les plus manifestement néfastes de la Dépression. On avait, bien sûr, cru que les entreprises et les sociétés concernées réagiraient favorablement. Si quelques chefs d'entreprises ont effectivement exprimé leur accord, la plupart ont plutôt manifesté une opposition franche et de plus en plus farouche. Roosevelt était vu non pas comme un ami du monde des affaires, mais bien comme un ennemi acharné.

On n'a jamais bien compris les raisons de cela, mais il faut sans doute en chercher l'explication dans les deux forces motrices de tout système économique : le besoin d'argent et le désir de prestige. Le besoin d'argent, de revenus, est largement reconnu. Mais, aux yeux du monde des affaires, le prestige est tout aussi fondamental, et on accepte difficilement de le partager. La seule politique économique acceptable, c'est celle qui flatte l'amour-propre du chef d'entreprise ou du financier. Un gouvernement interventionniste, comme l'était celui de Roosevelt, ne fait que trop clairement remettre en question les fondements de l'estime de soi propre au milieu des affaires et de l'estime que celui-ci voudrait qu'on lui porte. Mieux vaut subir une perte, voire une récession ou une dépression, que voir ce prestige — ce droit de prééminence — altéré ou accaparé par d'autres.

Pendant les années Roosevelt, on s'est souvent demandé pourquoi le milieu des affaires opposait une si vive résistance à une action gouvernementale qui avait stabilisé et amélioré sa situation financière. Le milieu des affaires a réagi ainsi précisément parce que son sentiment de primauté dans l'action était ébranlé. Rien n'a changé en la matière : les positions que défend aujourd'hui le milieu des affaires sont profondément orientées par son besoin d'être considéré comme le moteur de la vie économique.

Dès la mise en œuvre des mesures s'inspirant du New Deal, le milieu des affaires s'est fermement mobilisé contre Roosevelt. La Ligue américaine de défense des libertés *(American Liberty League)*, qui rassemblait des entrepreneurs particulièrement pugnaces, a été fondée dès 1934. C'est surtout Roosevelt qui était visé, car il s'était, en apparence, emparé du leadership économique, qui revenait de droit au milieu des affaires. Ce dernier acceptait pourtant l'aide qu'on lui offrait, mais cela ne comptait pas.

Il va sans dire que des considérations idéologiques entraient en jeu. Il fallait défendre le système de libre entreprise, et le monde des affaires s'en chargerait. Se retrouvaient ici pêle-mêle des réminiscences de lointains cours universitaires et l'influence d'ouvrages, pas toujours lus, de journalistes, de philosophes et de penseurs on ne peut plus orthodoxes. Là se situaient les motivations officielles. Mais plus profonds et plus puissants étaient le sentiment d'une perte de prééminence et l'impression de voir glisser vers Washington le prestige auparavant dévolu à New York, Pittsburgh et Detroit. C'était ce sentiment, tout autant que les considérations idéologiques, qui animait l'opposition du monde des affaires à Franklin D. Roosevelt. Paradoxalement, cette opposition a fini par dynamiser sensiblement l'action du président.

Tout pouvoir politique doit compter sur l'existence d'un adversaire ; il est même préférable que celui-ci soit incompétent, maladroit, ou qu'il défende des idées impopulaires. Le monde des affaires a merveilleusement bien servi Roosevelt en ce sens. Personne ne pouvait douter de la primauté dont les dirigeants d'entreprises avaient bénéficié sous Herbert Hoover, et ceux-ci s'attendaient bien à la conserver, même si chacun connaissait les funestes conséquences qu'avait entraînées sa présidence. Roosevelt n'aurait pu souhaiter une opposition plus appropriée dans un tel contexte. Il l'admettait d'ailleurs volontiers et, de plus en plus souvent, il dénonçait publiquement la grande entreprise et ses porte-parole comme étant ses véritables adversaires. Toute son équipe a fait sien ce combat avec un enthousiasme extraordinaire.

Les chefs d'entreprises qui s'opposaient à Roosevelt étaient aussi, il va sans dire, alliés au Parti républicain. Cela a eu des conséquences étonnantes : Alfred M. Landon, gouverneur du Kansas, qui défendait des positions nettement modérées et qui est devenu ensuite un ami et mon hôte au Kansas, a vu l'appui du monde des affaires fondre sur lui aux élections de 1936, ce qui l'a mené tout droit à une défaite retentissante. Seuls le Maine et le Vermont, lequel devait d'ailleurs plus tard devenir l'État le plus progressiste du pays, lui avaient accordé la majorité des suffrages.

Les années qui ont suivi sa victoire triomphale en 1936 ont vu surgir un autre facteur de popularité pour Roosevelt : à la grande satisfaction tirée de la lutte qu'il menait s'ajoutait le plaisir encore plus intense de se trouver du côté du gagnant. Il s'agit là d'une autre puissante source de motivation dans le monde politique. Je me permets de donner ici un exemple personnel.

Aux élections de 1936, j'étais totalement engagé dans l'action du président — dernière étape de mon éducation politique qui avait débuté quand j'avais vaguement entendu parler de la victoire de Harding. J'engageais de vifs débats pour défendre les politiques préconisées par Roosevelt. La chose n'allait pas toujours de soi au sein de ma génération d'universitaires à Harvard, où j'avais de la difficulté à trouver un seul contradicteur. Que je n'aie pas encore acquis la citoyenneté américaine ni le droit de vote ne présentait aucun inconvénient, mais, à l'instigation de militants du Massachusetts dont j'avais fait la connaissance, j'ai entamé les démarches nécessaires pour surmonter le dernier obstacle qui m'empêchait d'être un rooseveltien à part entière. En compagnie d'un grand nombre d'autres immigrants, dont la quasi-totalité désirait acquérir la nationalité américaine pour échapper aux conséquences d'un règlement qui restreignait le versement d'indemnités de secours aux seuls citoyens du pays, j'ai été convoqué un matin devant un juge fédéral. Il a commencé par dire que la procédure se déroulerait selon l'ordre alphabétique de nos patronymes. Examinant ensuite un document que lui avaient remis mes amis, il a appelé un certain « Galbraith ». La personne suivante se nommait, si je me rappelle bien, Aaron, Abraham ou peut-être Anderson.

De l'automne 1937 à l'automne 1938, j'ai fait un court séjour à l'étranger pour travailler au sein du petit groupe d'enthousiastes rassemblé autour de John Maynard Keynes, à l'Université de Cambridge. Je voulais également observer l'évolution de l'État-providence en Suède ainsi que les événements qui se déroulaient dans l'Allemagne hitlérienne et l'Italie mussolinienne. Je suis rentré au pays à la fin de l'année pour reprendre mon enseignement à Harvard et accepter l'importante tâche que souhaitait me confier la Maison-Blanche.

Il s'agissait de diriger une étude portant sur les principaux organismes relevant du New Deal, notamment l'Administration de la réalisation des travaux *(Works Progress Administration)* et l'Administration des travaux publics *(Public Works Administration)*, et d'évaluer leur incidence sur l'emploi et sur l'économie dans son ensemble. Mon employeur était un organisme présidentiel, l'Office national de planification *(National Planning Board)*, rebaptisé ultérieurement, par prudence sémantique, Office national de planification des ressources *(National Resources Planning Board)*. La présidence honoraire de son plus important comité était occupé par Frederic A. Delano, oncle du président. Parmi les membres de ce comité figurait Henry S. Dennison, chef de l'entreprise papetière éponyme sise à Framingham, au Massachusetts, et le plus progressiste des hommes d'affaires américain. Dennison a offert à ses employés des indemnités d'assurance-chômage et une pension de vieillesse bien avant que le gouvernement n'adopte le décret les rendant obligatoires. La gestion quotidienne du comité incombait à Charles W. Eliot fils, un favori de Roosevelt, qui appartenait à une famille à laquelle je suis lié depuis longtemps[1].

C'est dans le cadre de ce travail que j'ai rencontré le président pour la première fois — je dois d'ailleurs préciser ici que je ne l'ai vu en personne qu'en de rares occasions. Il était dans le Bureau ovale, assis derrière le grand bureau présidentiel. Il baignait dans la lumière qui entrait par les fenêtres derrière lui. Il a tendu le bras pour nous accueillir et nous a assurés de son appui ferme à notre action. Il donnait l'impression d'un homme en bonne santé et vigoureux, impression que j'ai toujours conservée et qui s'est même avivée au fil des ans. Il en allait de même pour le public dans son ensemble. Incapable de marcher, handicapé à vie, comme on disait alors, Roosevelt était néanmoins considéré comme une homme à la vitalité et à la vigueur intactes. Cela s'expliquait peut-être partielle-

---

1. Son frère cadet, Thomas H. Eliot, auteur de la Loi sur la sécurité sociale *(Social Security Act)* de 1935, puis représentant du Massachusetts au Congrès avant de devenir le très compétent président de l'Université Washington à St. Louis, a été un ami de toujours, de même que sa femme, Lois.

ment par l'absence, heureuse pour F. D. R., de la télévision : sa voix à la radio était assurée et ferme. C'était peut-être aussi parce que la presse était plutôt réticente à révéler son invalidité. Mais c'était surtout une question de « charisme », selon le terme consacré. Il offrait l'image d'un homme sans faiblesse, et c'était bien l'impression que le pays et le monde avaient de lui. Nous en étions certainement tous convaincus, jusqu'à ce triste jour d'avril où nous avons appris sa mort soudaine. Personne ne savait qu'il était malade, personne n'avait même envisagé une telle possibilité. Notre foi dans son invulnérabilité était totale, et tout le pays la partageait.

Je reviens à l'étude que je dirigeais. Elle portait sur une question controversée opposant deux protagonistes exceptionnellement combatifs. La WPA, que dirigeait Harry Hopkins, avait été mise sur pied pour venir en aide aux travailleurs. Sa réussite était évaluée non pas à l'aune des tâches accomplies, mais bien à celle des emplois créés, que la WPA estimait être la priorité essentielle de l'époque.

La PWA, qui relevait de Harold Ickes, ministre de l'Intérieur, mettait au contraire l'accent sur les réalisations concrètes, sur les résultats : bureaux de poste, ponts, etc. Il me plaisait de constater, car cela nourrissait sensiblement le sentiment que j'avais de mon importance, que des représentants tant de la WPA que de la PWA cherchaient ardemment à obtenir mon appui pour leur cause respective, de même que celui de

F. D. R., qui, comme à son habitude, laissait les protagonistes débattre de la question. Les efforts qu'ils ont déployés pour le persuader sont à l'origine d'une des anecdotes rooseveltiennes les plus mémorables de l'époque.

Un beau matin, pendant le séjour de F. D. R. à Warm Springs, Harry Hopkins est allé le voir pour défendre la cause de la WPA. Que pouvait-il y avoir de plus important que la création d'emplois ? Les emplois constituaient la priorité de l'heure, et en créer, la raison d'être du New Deal. C'était donc la WPA qui devait figurer au sommet des priorités des pouvoirs publics et se voir accorder toutes les ressources financières disponibles.

Attentif, F. D. R. acquiesce d'un hochement de tête. « Harry, tu as tout à fait raison », dit-il.

Dans l'après-midi, Ickes se rend au cottage de Warm Springs pour défendre la cause des travaux publics. Les critères d'évaluation devraient reposer sur l'utilité et l'excellence des travaux effectués. C'est sur cette base que seraient jugés tous les efforts du gouvernement, que se ferait ou se déferait la réputation de ce dernier. C'est aux travaux publics que devaient être consacrées l'attention et les ressources financières voulues.

Après avoir soigneusement soupesé les propos de Ickes, le président lui dit : « Harold, tu as tout à fait raison. »

Eleanor était présente aux rencontres avec les deux visiteurs. Après le départ de Ickes, elle s'adresse ainsi au président : « Je ne te comprends pas, Franklin. Harry se présente ici et défend sa cause, et tu lui dis qu'il a tout à fait raison. Harold arrive ensuite et défend la cause opposée, et tu lui dis qu'*il* a tout à fait raison. »

Pour toute réponse, elle obtient : « Eleanor, *tu* as tout à fait raison. »

Les conclusions de mon étude[2] apportaient, sans surprise, un appui ferme à la politique de création d'emplois et aux emprunts qu'elle rendait nécessaires. La question de ces emprunts — qui s'inscrivaient sans équivoque dans le cadre de la doctrine keynésienne — suscitait encore à l'époque des réactions vives, parfois même déchaînées. Quelques hauts fonctionnaires identifiés à la faction conservatrice de l'appareil gouvernemental ont été profondément perturbés par la lecture du rapport de l'étude. Ils reconnaissaient que sa teneur correspondait au programme rooseveltien. Sans doute, ils n'avaient d'autre choix que de tolérer celui-ci, mais ils se garderaient bien d'en faire la promotion. J'ai tenu bon.

Le rapport a été publié en 1940, au moment où tous les yeux, y compris les miens, étaient tournés vers le programme de défense et la menace de guerre. Aucune attention digne de ce nom n'y a été accordée. Je doute que F. D. R. en ait même jamais vu la couleur.

---

2. *The Economic Effects of the Federal Public Works Expenditure, 1933-1938*, National Resources Planning Board, Public Works Committee, 1940.

Le déclenchement de la guerre en Europe a placé Roosevelt et sa politique devant un nouveau défi, qui n'a pas été pleinement exposé dans les ouvrages traitant de cette époque. En 1940, il devenait clair qu'il fallait canaliser l'appui public pour venir en aide à la Grande-Bretagne et contrer la menace moins évidente provenant du Japon. Puis, en 1941, ce furent le bombardement de Pearl Harbor et l'inimaginable déclaration de guerre contre les États-Unis prononcée par Hitler. Le gouvernement devenait alors le principal responsable de l'énorme production du matériel de guerre. Une telle situation a ramené au premier plan, de manière différente et, à maints égards, plus urgente, la question des rapports problématiques qu'entretenaient Roosevelt avec le monde des affaires et ses dirigeants. Des ennemis déclarés se manifestaient outre-Atlantique, mais Roosevelt affrontait simultanément des ennemis moins ouvertement déclarés au pays même. Il luttait sur deux fronts. Le mythe universellement célébré montre un pays uni par la guerre. La réalité correspondait plutôt à un conflit politique sans fin et parfois destructeur, dont Washington était la scène principale. Je parlerai de mon rôle dans ce conflit en tant que combattant, jeune, certes, mais profondément engagé.

3

Franklin D. Roosevelt (II)
La guerre à Washington

L'enthousiasme, qui confinait au plaisir, avec lequel Roosevelt a affronté les dirigeants de la grande entreprise pendant le New Deal ne doit cependant pas amener à croire que toute opposition politique le laissait indifférent. Son inaction en matière de droits civiques, qui n'ont fait l'objet d'aucune mesure législative pendant toute la durée de sa présidence, en constitue un exemple non équivoque. La communauté noire — maintenant dénommée « afro-américaine » — des États du Nord a accueilli favorablement les efforts qu'il a déployés pour créer des emplois et mettre sur pied des programmes de secours et de travaux publics. La composition de l'électorat démocrate dans les grands centres urbains reflète encore aujourd'hui cet accueil. Mais les Noirs du Sud, qui étaient tout aussi pauvres, ont été largement négligés. Les représentants blancs des États du Sud à la Chambre et au Sénat étaient *a priori* hostiles à toute législation relative aux droits civiques, et leur appui était non seulement nécessaire, mais bien essentiel pour Roosevelt, qui en était pleinement conscient. C'est pourquoi aucune réforme véritable n'a même été envisagée dans ce domaine, à la seule exception de quelques efforts, surtout symboliques, accomplis en faveur des métayers par des rooseveltiens, qualifiés alors de radicaux, au sein du ministère de l'Agriculture.

C'est à l'automne de 1940 que m'ont été confiées mes premières fonctions importantes de nature politique auprès de Roosevelt : j'ai été recruté au sein de son équipe de rédacteurs de discours en vue de l'élection présidentielle. C'était ma première expérience professionnelle dans l'art du discours ; il faut toujours viser le sommet de l'échelle pour faire ses débuts. Nous travaillions dans des bureaux du ministère du Commerce. Il s'agissait d'un édifice public, et notre rémunération à tous était assurée par le Trésor public. Aucune dépense n'était assumée par les caisses électorales des partis. Les règles étaient plus souples à l'époque. Les discours que nous rédigions étaient ensuite soumis aux mandarins de la Maison-Blanche. Je n'ai pas rencontré Roosevelt pendant la campagne électorale, sauf à l'occasion d'une grande réception fort agréable donnée à la Maison-Blanche. Nous découvrions ce qui avait été retenu des discours que nous avions rédigés en entendant le président les prononcer à la radio. Il va sans dire que nous tendions l'oreille.

La contribution la plus mémorable à cet égard a été apportée par G. Griffith Johnson, brillant économiste qui faisait partie de notre groupe. Roosevelt était alors la cible des critiques de républicains qui le rendaient responsable du piètre état de nos forces armées. Passant en revue les noms des membres du Congrès qui s'étaient efforcés de faire réduire les crédits affectés à la défense, Johnson avait retenu ceux de trois républicains aux patronymes merveilleusement euphoniques : Joseph W. Martin fils, leader de la minorité à la Chambre et représentant du Massachusetts, Bruce Barton, publicitaire de renom devenu membre du Congrès, et Hamilton Fish, réactionnaire notoire et représentant du district où habitait F. D. R. lui-même. Ces trois noms ont été intégrés dans le texte d'un discours que Roosevelt devait prononcer au Madison Square Garden, à New York. À la tribune, le président plaisante, demande à la foule si elle connaît le nom de ceux qui s'opposent le plus farouchement à ce qu'on affecte des crédits budgétaires à la défense, avant de lancer « Martin, Barton et Fish[1] ». La foule exultait. Le lendemain ou le surlendemain, à Boston, Roosevelt demande qui ont été les opposants à l'adoption de crédits budgétaires pour l'agriculture. Il ne s'agissait pas

1. Ces trois noms n'étaient évidemment employés que pour la rime et la cadence, lesquelles rappellent une comptine fort connue d'Eugene Field qui s'intitule *Wynken, Blynken, & Nod.* L'association du Parti républicain à un certain infantilisme est ce qui plaisait tant aux foules. *(N.D.T.)*

précisément d'une assemblée rurale, mais la réponse n'en a pas été moins électrisante pour autant : « Martin, Barton et Fish ». J'ai consacré, au fil des ans, une certaine partie de mon temps à rédiger des discours, dont quelques-uns pour des candidats à l'élection présidentielle. Parmi tous les discours rédigés pour F. D. R., celui-ci est resté pour moi inoubliable.

Je reviens maintenant aux choses plus sérieuses.

En 1940 et en 1941, Roosevelt restait prudent en ce qui concernait une intervention militaire en Europe. Le sentiment isolationniste, que résumait le slogan *« America First »*, se manifestait avec vigueur dans le pays, et F. D. R. le respectait au plus haut point. Toutefois, après la chute de la France en 1940, il a cru que le temps était venu d'accroître la capacité d'action des forces armées américaines, qui équivalait alors plus ou moins à celle de l'armée portugaise. L'assise industrielle de la production d'armes et de munitions a également été élargie ; en outre, les États-Unis ont apporté leur appui aux Britanniques sous la forme d'un accord apparemment anodin concernant des contre-torpilleurs et des bases militaires, puis sous celle du programme Prêt-bail *(Lend-Lease)*.

En matière d'engagement militaire véritable, toutefois, Roosevelt se montrait prudent ; il n'avançait que dans la mesure où il était certain d'être suivi. Ce n'est pas à son instigation que l'Amérique est entrée en guerre, mais bien à cause d'actes tout à fait insensés commis par l'ennemi. Il aura fallu l'attaque japonaise contre Pearl Harbor, en décembre 1941, pour vaincre de façon spectaculaire les réticences des plus farouches isolationnistes. Quelques heures plus tard — des heures vécues à Washington dans la vive préoccupation que l'attention et les ressources financières seraient dorénavant toutes détournées vers le Pacifique, et on était même tenté de croire que l'attaque japonaise avait été précisément conçue dans ce dessein —, on nous apprenait que Hitler venait de déclarer la guerre aux États-Unis. Il m'est difficile de décrire le soulagement que nous avons éprouvé à l'annonce de cet incroyable acte de folie.

Quelques années plus tard, au cours d'un interrogatoire mené dans une prison du Luxembourg réservée aux hauts dignitaires, on a demandé à Joachim von Ribbentrop, ministre nazi des Affaires extérieures, d'expliquer ce manquement à la raison la plus élémentaire. Il a répondu que l'Allemagne était liée par les termes du traité qu'elle avait signé avec le Japon et l'Italie. Un jeune employé qui faisait fonction d'interprète lui a alors demandé de son propre chef : « Pourquoi avez-vous décidé de respecter ce traité, à l'exclusion de tous les autres ? » Jamais un Américain n'a rendu un aussi grand service à F. D. R. que celui que Hitler lui a rendu en décembre 1941.

Roosevelt faisait néanmoins toujours face au problème le plus pressant en ces années de guerre : le caractère conflictuel, déjà évoqué, de ses relations avec le monde des affaires. Le conflit, qui avait pris naissance dans les années 1930, allait en s'envenimant. La situation était pourtant simple : des entreprises dirigées par des hommes d'affaires seraient chargées de la production de guerre. Mais appeler des hommes d'affaires, particulièrement ceux qui jouissaient d'une grande renommée, à Washington et leur confier des postes d'autorité, cela revenait à abandonner le contrôle de l'économie à une opposition déclarée. On ne pouvait s'attendre à ce que ces brillants chefs d'entreprises débarquent dans la capitale et se transforment aussitôt en alliés de Roosevelt, ou même qu'ils fassent preuve d'une bienveillante neutralité. Les Allemands et les Japonais étaient les ennemis, tout le monde s'entendait là-dessus. Mais Roosevelt constituait néanmoins une menace directe et constante. Il fallait protéger le pays contre toute attaque extérieure, bien sûr, mais, de l'avis des nombreux opposants à F. D. R. issus du monde des affaires, il fallait aussi le mettre à l'abri du président et du New Deal.

Toute généralisation est porteuse d'exceptions. Roosevelt a reçu un appui conditionnel, et même inconditionnel parfois, de certains représentants du monde des affaires, dont Henry Stimson, avocat, Averell Harriman, banquier et ancien directeur de société ferroviaire, Will Clayton, grand marchand de coton du Texas et membre émérite de la Ligue américaine de défense des libertés — qu'il a d'ailleurs quittée lorsque sa femme s'est mise à offrir à F. D. R. des contributions financières égales à ce que Clayton versait aux républicains —, de même que le jeune Nelson Rockefeller ou encore Jesse Jones, financier texan ayant longtemps dirigé la *Reconstruction Finance Corporation* (RFC), sans oublier, tapi dans l'ombre de la Maison-Blanche, le très disponible Bernard Baruch, héros de la mobilisation industrielle pendant la Première Guerre mondiale, qui cherchait toujours à revenir sur le devant de la scène. Tous acceptaient Roosevelt. Chacun à sa façon, tous ont pleinement participé à l'effort de guerre. Ils formaient toutefois un contraste marqué avec l'ensemble du monde des affaires. Il peut être intéressant de souligner que les chefs d'entreprise qui s'étaient ralliés à Roosevelt sont restés dans la mémoire collective, alors que ses opposants ont sombré dans l'anonymat, voire dans l'oubli. En fait, lesdits opposants étaient nombreux : pour eux, la guerre ne justifiait pas qu'ils se soumettent au gouvernement et à Roosevelt. C'était une question de principe et de conviction.

La stratégie de Roosevelt consistait à conférer une autorité apparente au monde des affaires, tout en réservant le véritable pouvoir de décision à l'armée, aux fonctionnaires et surtout aux rooseveltiens, soit les partisans du New Deal. On donnerait l'impression au milieu des affaires qu'il participait à l'effort de guerre en nommant certains de ses membres bien en vue à des postes clés ou en créant d'importants organismes qui exerceraient fort peu de pouvoirs véritables. L'Office de production de guerre (WPB) en constitue l'exemple parfait.

Une telle stratégie comportait des failles certaines. Conférer un pouvoir apparent sans déléguer aucun pouvoir effectif impliquait d'abord la création de multiples organismes qui donneraient l'illusion de servir l'effort de guerre. Si chacun de ces nouveaux organismes s'efforçait de paraître plus efficace que le précédent, aucun ne pouvait cacher bien longtemps son inefficacité par trop manifeste. Ce fut le cas de la Commission consultative pour la défense nationale (*National Defense Advisory Commission* ou NDAC), du Bureau de gestion de la production (*Office of Production Management* ou OPM) et de l'Office de répartition prioritaire des approvisionnements (*Supply Priorities and Allocation Board* ou SPAB). Tous ont été mis sur pied en quelques mois à peine, tous ont rapidement affiché leur incompétence et tous ont été rapidement démantelés.

L'Office de production de guerre, plus imposant que ses prédécesseurs, a attiré un très grand nombre de gens d'affaires éminents, dont certains avaient déjà fait sentir leur présence à Washington au sein d'associations commerciales ou de groupes de pression. Je traiterai ultérieurement des dirigeants de l'Office et du rôle que celui-ci a joué.

Il était d'une importance vitale de recruter des hommes d'affaires bien connus même si, dans les faits, ils étaient plus ou moins compétents. Devant la tâche extraordinairement complexe qui les attendait, ils se révélaient souvent impuissants. Prenons par exemple William Knudsen, ancien président de General Motors, qui occupait un poste de direction au sein de la Commission consultative pour la défense nationale et qui coprésidait, avec Sidney Hillman, dirigeant syndical, le Bureau de gestion de la production. Il projetait incontestablement une image d'autorité : voilà un véritable magnat des affaires, se disait-on. Malheureusement, il n'avait pas la moindre idée de ce que représentaient mobilisation et approvisionnements. Au cours d'une réunion houleuse à laquelle j'avais été convoqué, le soir de Pearl Harbor, on lui avait posé la question suivante avec insistance : « Bill, qu'est-ce qu'il faut faire en priorité, demain ? » Après avoir réfléchi, il a répondu que la grave pénurie de cuivre continuerait de sévir. Il ne savait pas du tout comment y remédier. Puisqu'on ne pouvait pas le limoger, ce qui aurait constitué un affront au monde des affaires, on l'a plutôt promu général. Pour le plus grand bien de la République, il n'a jamais eu de troupes sous son commandement.

Edward R. Stettinius fils, qui voulait aussi jouer un rôle important dans l'effort de guerre, avait également d'excellentes entrées à la U. S. Steel et à General Motors. Bel homme à la chevelure précocement blanchie, il était d'une incompétence presque totale. Tout aussi imposant que Knudsen, aussi peu à la hauteur de la situation, il avait été plus chanceux dans son ascension au sein de la hiérarchie gouvernementale. Après être passé inaperçu à la Commission consultative pour la défense nationale, il a été nommé à la tête du programme Prêt-bail. Il s'agissait d'un poste extraordinairement peu exigeant, puisque toutes les tâches importantes étaient accomplies par les organismes américains, britanniques et russes chargés d'assurer sur le terrain l'approvisionnement en matériel de guerre. J'ai été brièvement affecté à ce programme à la fin de mon mandat, à titre de responsable du contrôle des prix, et cela demeure pour moi la sinécure la plus désolante que j'aie jamais connue.

Plus tard, quand Roosevelt, las de l'obstination butée du secrétaire d'État, Cordell Hull, avait décidé de le remplacer par un figurant dévoué, c'est vers Stettinius qu'il s'est tourné. Mon ami George W. Ball a pris plaisir à décrire la façon dont Ed lui a montré ce qu'il avait fait pour moderniser le vieux — et à l'époque quelque peu sénescent — département d'État : il avait fait repeindre son bureau. À la fin de la guerre, lorsque, comme je l'ai raconté précédemment, nos troupes ont arrêté Joachim von Ribbentrop, elles ont trouvé sur lui deux lettres exhortant les Britanniques à s'allier aux Allemands pour s'opposer à la progression des Russes. Ces lettres étaient adressées à *Vincent* Churchill. Ball, qui était présent, s'est dit que, si nous avions été dans la situation réciproque, Stettinius aurait écrit à *Albert* Hitler. Stettinius a connu ensuite des années difficiles. Après avoir quitté le gouvernement, il a lancé une entreprise en Afrique, qui a abouti à un échec total et entraîné son décès prématuré.

Pour diriger l'Office de production de guerre, qui était clairement le plus important de ces organismes, Roosevelt a fait appel à Donald M. Nelson. Personnalité avenante et exempte de tout dogmatisme, Nelson, qui avait fait carrière dans la vente au détail, était mieux au fait de l'opinion publique et des tendances politiques de l'époque que ne l'étaient les véritables adversaires de Roosevelt. Sous sa direction, le personnel pléthorique de l'Office, recruté auprès des milieux industriels, a continué de s'estimer investi de la responsabilité d'endiguer Roosevelt et le New Deal. On en parlait sans cesse, ne fût-ce qu'à voix basse. À part cela, on n'y accomplissait pas grand-chose. Il faut attribuer le miracle de la production d'armements pendant la guerre non pas à l'Office, mais bien aux efforts d'approvisionnement direct déployés par l'Armée de terre et la Marine des États-Unis, et par quelques individus dévoués. Parmi eux, on compte le général Brehon B. Somervell, qui avait, dans la vie civile, dirigé à New York des opérations de secours menées dans le cadre du New Deal, le général Lucius Clay, qui s'est ensuite brillamment occupé des questions relatives à l'occupation de l'Allemagne, et enfin un groupe d'hommes plus jeunes, dont Robert McNamara, qui allait se distinguer par la suite et faire l'objet de vives controverses. Mais le miracle de la production américaine a davantage résulté de la façon dont ont réagi une économie et une main-d'œuvre sous-utilisées devant les extraordinaires perspectives qu'ouvrait une demande illimitée pour leurs produits.

La stratégie de Roosevelt reposait aussi sur la présence de fidèles partisans, les rooseveltiens, au sein de ces organismes et sur le contrôle effectif qu'ils devaient exercer sur les plus importants d'entre eux. Lorsque

Nelson était à la tête de l'Office de production de guerre, Simon Kuznets, l'inventeur du concept de produit national brut et, après Keynes, la figure la plus importante de son époque en économie, et son disciple Robert Nathan, l'un des économistes et des statisticiens progressistes véritablement compétents que comptait le pays, déterminaient la planification de la production, c'est-à-dire l'établissement des objectifs et le contrôle du rendement. Nathan, avec son éloquence infaillible, déplaisait souverainement à ses homologues du monde des affaires, qui se sont d'ailleurs bruyamment réjouis lorsqu'il a dû se joindre à l'Armée de terre pour faire son service militaire. Leon Henderson, le plus dévoué de tous les rooseveltiens, a été nommé au sein de l'Office de production de guerre, où lui ont été confiées les responsabilités afférentes au contrôle des prix, au contrôle des loyers et au rationnement des biens de consommation. Ainsi redéfini, le nouvel organisme, dénommé Bureau de la gestion des prix *(Office of Price Administration)*, est apparu comme un instrument entièrement acquis à Roosevelt. Surtout, c'est l'un des deux organismes dont l'action pendant la guerre a eu la plus grande portée sur l'ensemble des citoyens américains. L'autre organisme en question, le Trésor, auquel incombait la responsabilité de fixer les impôts, a exercé une profonde influence sur les dépenses publiques. Il était dirigé par des adeptes avoués du New Deal, soit Henry Morgenthau fils, ministre du Trésor, et Harry Dexter White, directeur des affaires monétaires et future cible de prédilection du maccarthysme. Bien que demeurés dans l'ombre à l'époque, le Bureau de la gestion des prix et le Trésor ont été, sur le plan politique, les organismes qui ont joué le rôle le plus important pendant la guerre.

C'est au printemps de 1941 que m'ont été confiés le contrôle des prix puis, à titre temporaire, la gestion du rationnement, sous la direction de Henderson. Cette dernière ayant ensuite été affectée à une unité administrative distincte, j'ai conservé le poste de premier responsable du contrôle des prix. Je faisais partie, moi aussi, des rooseveltiens inconditionnels. Je me permets d'ailleurs une petite digression à ce sujet.

En été 1940, quelques jours après la défaite de la France, j'avais été convoqué à Washington pour collaborer avec Leon Henderson à la surveillance des prix et à la formulation d'une politique des prix, au moment où s'amorçait l'effort de mobilisation. Il n'y avait alors aucun travail à faire dans ce domaine : les prix étaient stables, sinon à la baisse. J'ai ensuite hérité de la tâche plus difficile consistant à superviser le choix des emplacements destinés aux nouvelles usines consacrées à la défense et à veiller à ce que, entre autres choses, elles ne soient pas toutes concentrées, comme durant la Première Guerre mondiale, dans le Nord-Est industrialisé. C'est dans le cadre de ces fonctions que j'ai été associé, à l'automne, à la plus vive controverse de l'époque, qui a opposé partisans et adversaires de Roosevelt au sujet de l'effort de défense. Cette controverse offre une illustration parfaite des tensions ayant régné avant la guerre, et c'est d'ailleurs ainsi qu'elle a été ultérieurement décrite et analysée[2].

La controverse portait sur l'emplacement d'une usine de nitrate d'ammonium, produit pouvant être utilisé comme engrais ou — ainsi que l'a amplement révélé la tragédie récemment survenue à Oklahoma City — comme puissant explosif. Pendant la Première Guerre mondiale, la ville de Muscle Shoals, en Alabama, sur la rivière Tennessee, avait été choisie pour la construction d'une telle usine et du barrage fournissant l'énergie nécessaire à la fabrication de l'ammoniac. Cette usine n'est jamais devenue pleinement opérationnelle, mais la possibilité qu'elle puisse un jour produire de l'engrais bon marché lui avait attiré un appui vigoureux de la part des agriculteurs tout en en faisant l'objet d'une violente controverse étalée sur de nombreuses années. Aux yeux de ses adversaires dans l'industrie de la chimie et des engrais, il s'agissait d'un cas flagrant de socialisme. À son arrivée au pouvoir, Roosevelt a réglé le conflit de Muscle Shoals d'une manière plus inacceptable pour ses adversaires qu'ils n'auraient jamais pu l'imaginer. Muscle Shoals a servi de tremplin à la Tennessee Valley Authority dans son ensemble. Jamais une bataille politique n'avait creusé un tel fossé entre les gagnants et les perdants.

---

2. Harold Stein, *Public Administration and Policy Development : A Case Book*, New York, Harcourt, Brace, 1952.

La Tennessee Valley Authority avait été mise sur pied essentiellement dans le but d'ériger des barrages et de produire de l'électricité. Elle n'avait jamais produit d'engrais, même si les agriculteurs réclamaient depuis longtemps la construction d'une usine d'engrais appartenant à l'État. Le déclenchement de la guerre ayant engendré des besoins en explosifs, certains ont cru qu'on profiterait de l'occasion pour aller de l'avant avec cette usine. L'industrie de la chimie et des engrais, et le monde des affaires en général, ont manifesté leur opposition avec férocité : le véritable Franklin D. Roosevelt était enfin démasqué.

Sous couvert de l'autorité de la Commission consultative pour la défense nationale, responsable du choix de l'emplacement des nouvelles usines, Stettinius et Knudsen, qui défendaient les intérêts du monde des affaires au sein de la Commission, ont décidé d'autoriser la construction de deux usines privées, devant appartenir respectivement aux sociétés Du Pont et Allied Chemicals, bien loin des rives de la Tennessee. La Tennessee Valley Authority et Muscle Shoals étaient abandonnées à leur sort. Ceux d'entre nous qui avions soutenu leur expansion avons décidé de soumettre la question à F. D. R., qui a alors exprimé son souhait de voir les trois usines relever de la Tennessee Valley Authority, offrant ainsi une merveilleuse illustration de son habileté de stratège. Très vite, la Commission consultative a accordé, à l'unanimité, l'autorisation nécessaire pour construire une usine à Muscle Shoals : mieux valait que la Tennessee Valley Authority exerce son autorité sur une seule usine plutôt que sur trois. La réaction des milieux industriels a été tellement négative que Knudsen et Stettinius ont demandé une modification du procès-verbal de la réunion de la Commission afin que leur dissidence y soit inscrite. Néanmoins, nous avions gagné. J'ai pris de brèves vacances peu après et j'ai ainsi pu songer à mon aise à tout le plaisir qu'il y avait à être du côté de Roosevelt. Comme c'était moi qui avais piloté ce dossier, le rôle que j'y avais joué et le succès que j'avais remporté ont constitué un tremplin vers le poste que j'ai occupé ensuite, de l'avis général l'un des plus importants en temps de guerre.

Quelques mois avant Pearl Harbor, soit au printemps 1941, j'ai été nommé responsable du contrôle des prix et je devais mettre sur pied l'organisme qui en serait chargé. L'année suivante, mon mandat a été élargi, comme je l'ai déjà dit : il englobait dorénavant les premières phases de la mise au point d'un système de rationnement. Je n'ai jamais vraiment su si Roosevelt connaissait bien le rôle qui m'avait été dévolu à ce sujet. Il a toutefois exprimé sa satisfaction à mon égard lorsque, en 1942, la mise en œuvre de la Réglementation générale sur les prix maximaux *(General Maximum Price Regulation)*, adoptée essentiellement à mon initiative, s'est traduite, à peu de choses près, par une réelle stabilité des prix. Auparavant, j'avais cependant pris part à un événement qui illustre clairement à quel point Roosevelt était sensible aux facteurs d'ordre politique.

Peu après Pearl Harbor, il était devenu évident que les Japonais avançaient sans trop de heurts vers l'Asie du Sud-Est, en vue de s'emparer des plantations d'hévéas en Malaisie et en Indonésie. L'approvisionnement en caoutchouc naturel serait interrompu, et quelques mois de dur labeur nous attendaient encore avant que nous puissions compter sur la fabrication de caoutchouc synthétique.

Comptant sur l'appui de collègues tout aussi préoccupés que moi, j'ai décrété l'entrée en vigueur à brève échéance d'un gel de tous les stocks de pneus de caoutchouc que détenaient alors les grossistes et les détaillants, ainsi que la mise sur pied d'un rigoureux système de rationnement. Un pneu ne pouvait être vendu que si son utilisation était nécessaire à la défense nationale, aux déplacements du personnel médical, aux moyens de transport publics et à la satisfaction de tout autre besoin aussi essentiel. Il arrivait que le caractère essentiel d'un tel besoin fût rudement mis à l'épreuve. Au moment de l'entrée en vigueur du décret adopté à ce sujet, Roosevelt m'a adressé un message personnel dans lequel il me demandait de lui révéler l'identité de l'idiot congénital qui avait décidé que les ministres du culte ne satisfaisaient aucun besoin essentiel. Plus précisément, il me demandait si j'avais déjà entendu parler des baptistes des États du Sud et de leur poids politique. Quelques jours plus tard, les ministres du culte étaient redevenus indispensables…

Je veux aussi relater deux autres incidents assez révélateurs de l'atmosphère dans laquelle baignait cette époque. En plus d'imposer un rationnement, nous avons fixé, dans la foulée d'une recommandation énoncée par un comité dirigé par Bernard Baruch et James B. Conant, président de Harvard, une limite de vitesse de trente-cinq miles à l'heure sur les autoroutes nationales, dans le but de favoriser une importante diminution de l'usure des pneus. Nous avons alors demandé aux gouverneurs des États de l'Union de prendre les moyens nécessaires pour assurer le respect de cette limite de vitesse. Tous ont accepté, sauf Coke R. Stevenson, gouverneur du Texas aux idées exceptionnellement passéistes. J'ai hérité de la mission visant à le rallier à notre cause. Je l'ai appelé, et je me souviens encore aujourd'hui de sa réponse : « Docteur, lorsque tu roules à trente-cinq miles à l'heure au Texas, t'arrives jamais nulle part ! »

Au même moment, de 15 850 à 20 000 tonnes de caoutchouc naturel ont été détruites dans un incendie à Fall River, au Massachusetts. Cette précieuse matière première relevait alors de la Rubber Reserve Corporation, filiale de la Reconstruction Finance Corporation dirigée, comme je l'ai mentionné précédemment, par Jesse Jones. Texan lui aussi, Oncle Jesse, comme on l'appelait, était le plus en vue et le plus persévérant des émissaires délégués auprès de Roosevelt par le monde des affaires. À l'instar d'autres membres de sa génération, il n'avait toutefois pas modifié d'un iota sa vision des choses. Interrogé par des journalistes au sujet de l'incendie de Fall River, il s'est empressé de les rassurer : le caoutchouc était assuré à sa pleine valeur...

Il y avait tout de même des limites au-delà desquelles le plus fervent des rooseveltiens ne pouvait s'aventurer. À l'automne de 1942, Leon Henderson a remis sa démission à la suite d'énormes pressions exercées par les milieux industriels. Les efforts que nous, de l'Administration de la gestion des prix, déployions pour mettre le niveau de vie des civils à l'abri de l'inflation étaient appréciés, sauf par ceux qui se voyaient ainsi interdire toute augmentation de leurs prix. Des voix dissidentes se sont élevées lorsque, avec une certaine impétuosité, nous avons voulu aller au-delà du contrôle des prix et tenter de réglementer la qualité des produits. On craignait à l'époque que la soupe aux pois en soit réduite à un pois par boîte, et que les bas en rayonne, qui remplaçaient les bas de soie, ne puissent servir plus d'une seule fois. Faisant manifestement preuve d'un excès de zèle, nous avons défini des normes s'appliquant à ces produits. La réaction des milieux industriels a été très vive. Encore aujourd'hui, je ne peux m'empêcher de ressentir un certain malaise à la vue d'aliments en conserve et de vêtements en rayonne.

Subissant de plein fouet l'offensive ainsi déclenchée, j'étais convoqué presque quotidiennement par un comité du Congrès pour motiver nos décisions, notamment sur l'imposition de normes relatives à la qualité des produits, mais aussi, plus généralement, sur les réglementations visant à maintenir les prix à un niveau inférieur à ce que les commerçants savaient pouvoir exiger. Une importante revue publiée par l'industrie alimentaire avait même orné sa page éditoriale du slogan « GALBRAITH DOIT PARTIR ».

Des dissensions se sont aussi fait sentir au sein de l'Administration. Prentiss Brown, ancien sénateur du Michigan et rooseveltien aussi charmant qu'inefficace, avait succédé à Henderson et, pour redorer notre blason, avait fait appel à un obscur spécialiste des relations publiques originaire également du Michigan. Ce spécialiste estimait que j'étais le principal responsable de l'image peu reluisante que nous projetions. Usant d'une des formules les plus polies dont je disposais, je lui ai répondu qu'il ferait mieux de me ficher la paix. C'en était trop : j'avais dépassé les bornes. C'est à ce moment que j'ai hérité du non-poste au sein de l'Administration du Prêt-bail. Brown est ensuite rentré au Michigan. Quoi qu'il en soit, il valait quand même mieux être du côté de Roosevelt.

Les heures et les jours d'oisiveté m'étaient extrêmement pénibles. Ce furent sans doute les pires moments de ma vie. Je me suis présenté au centre de recrutement pour m'engager comme volontaire. À la suite de ce qui a dû être une enquête quelque peu informelle, on m'a annoncé que, en raison de ma taille (2,04 m), j'étais inadmissible au service militaire : les tranchées qu'on avait creusées pendant la Première Guerre mondiale n'atteignaient même pas cette profondeur... Je suis brièvement retourné à la vie civile en tant que rédacteur à la revue *Fortune,* qui faisait autorité en matière d'excellence journalistique. Archibald MacLeish, Eric Hodgins, Dwight Macdonald, James

Agee : leur présence résultait de la décision prise à contrecœur par Henry Robinson Luce, fondateur de la revue, qui estimait qu'il était préférable, après tout, de faire appel à des hommes doués, même s'il s'agissait de partisans avoués de Roosevelt, qu'à des conservateurs incapables. Puis, au printemps de 1945, comme la guerre tirait à sa fin, j'ai de nouveau été appelé à participer à une initiative rooseveltienne : les désirs du président étaient toujours des ordres. Roosevelt avait prié Henry Stimson, ministre de la Guerre, d'effectuer une étude sur les conséquences de nos bombardements contre l'Allemagne. Tout ce qu'on savait à ce sujet provenait des généraux de l'Armée de l'air, qui tiraient leurs renseignements de missions de photographie aérienne. Sans doute n'avaient-ils pas sous-estimé les résultats de leurs efforts. C'est ainsi qu'a été mis sur pied le Comité d'étude sur les bombardements stratégiques effectués par les États-Unis (*United States Strategic Bombing Survey*, ou USSBS). Mon travail consistait à déterminer les répercussions économiques globales des attaques aériennes. Il m'incombait ainsi, entre autres tâches, d'interroger les hauts responsables nazis après ou même avant — en une occasion que je décrirai dans un prochain chapitre — leur arrestation.

La veille de mon départ pour Washington, puis pour Londres et pour l'Allemagne, nous avions été conviés à un dîner d'adieu à New York. Le jour même, j'avais revêtu un uniforme de colonel en civil et, en accompagnant mes enfants à l'école, j'ai croisé des soldats afro-américains qui m'ont salué avec un grand enthousiasme. Je me suis rendu compte que je ne savais pas vraiment comment leur répondre. Plus tard dans l'après-midi, un ami m'a appelé pour que j'allume la radio : on y annonçait la mort de Roosevelt.

C'était la triste vérité. Notre dîner avec les partisans de Roosevelt a été l'occasion pour nous d'exprimer notre effarement, parce que nous avions cru que Roosevelt serait toujours là, et notre chagrin, parce qu'il avait toujours pu compter sur notre sincère affection. Mais plus pénible encore était le sentiment que nous venions de voir disparaître toute perspective d'avenir. Qu'allions-nous devenir, nous et notre pays ? Et comment expliquer la disparition soudaine de Roosevelt ?

En réalité, Roosevelt était gravement malade depuis plusieurs mois mais, comme je l'ai déjà dit, il avait toujours donné une impression de bonne santé, de force et d'autorité. Il se peut même que, si ceux d'entre nous qui étions étroitement associés à lui avaient su qu'il était malade, nous aurions fermé les yeux sur la réalité : Roosevelt constituait une présence permanente dans notre vie.

Le lendemain de son décès, je suis rentré en train à Washington avec Nelson Rockefeller. Rooseveltien lui aussi, comme je l'ai dit, il était responsable de nos relations avec l'Amérique latine. Nous avons discuté des conséquences de la mort du président sur le pays et, plus particulièrement, de ce que cela pourrait signifier pour nous. Même pour un Rockefeller, il s'agissait d'un saut dans l'inconnu.

En avril 1995, Catherine Galbraith et moi nous sommes rendus à Warm Springs, en Géorgie, où se déroulait une cérémonie commémorative pour le cinquantième anniversaire de la mort de F. D. R. Le paysage et la maison des Roosevelt offraient un aspect plutôt surprenant : les terres agricoles de l'époque s'étaient transformées en forêt dense. La chambre où le président avait été victime de son accident cérébrovasculaire était assez petite et plutôt sombre. Je m'étais toujours imaginé qu'elle était vaste et lumineuse. J'ai dû corriger les impressions accumulées pendant des années. Parmi les participants à la cérémonie, il ne restait plus que trois ou quatre survivants des années Roosevelt. Dans son discours, le président Clinton a souligné la présence d'Arthur Schlesinger fils, jeune participant à l'entreprise rooseveltienne avant de devenir l'historien attitré du président, ainsi que ma présence, près de la tribune. Il a alors exhorté le pays à faire siens les principes qu'avaient toujours défendus les rooseveltiens de la première heure. J'ai été très touché par l'expression d'une telle reconnaissance. Nous avons tous applaudi chaleureusement, tant était vif notre souvenir de la plus grande personnalité politique du siècle, du leader qui nous avait dirigés à travers la tourmente de la Grande Dépression et de la plus nécessaire et impitoyable des guerres.

4

Eleanor Roosevelt

Un jour, au début des années 1940, quand je travaillais à Washington au contrôle des prix, je dus me rendre d'urgence chez mon dentiste pour faire réparer une dent cassée. J'étais dans la salle d'attente lorsqu'une femme, charmante et aux formes agréables, sortit du bureau du dentiste : « Le dentiste m'a dit que vous étiez là. Il m'a dit aussi que vous enseigniez maintenant à Princeton », ce qui était effectivement le cas.

« Mon mari y était autrefois », précisa la femme en ajoutant un compliment sur cette distinguée université. Une fois assis dans le fauteuil du dentiste, j'entendis celui-ci me demander si j'avais parlé à cette femme et me répondre, quand je lui eus demandé qui elle était, qu'il s'agissait de « Mme Woodrow Wilson ».

On estimait généralement que, durant les derniers mois de la présidence de Wilson, c'est-à-dire après son accident cérébrovasculaire, c'était Mme Wilson qui avait assumé les fonctions présidentielles. Malgré cela, elle était et elle est demeurée assez peu connue. Mais si Eleanor Roosevelt s'était trouvée dans le bureau du dentiste, même le plus béotien des observateurs n'aurait pu manquer de la reconnaître. Aucune femme de président avant Mme Roosevelt, et probablement aucune autre après elle non plus, n'a jamais connu une telle notoriété et n'a jamais joué un rôle si ouvertement marqué sur les plans tant public que privé. On allait la voir pour obtenir, parfois, un conseil au sujet du président et, plus souvent, une opinion et de l'aide. Le président travaillait à la Maison-Blanche et à Hyde Park, tout comme Eleanor, mais elle avait également un bureau au cœur de Manhattan. À l'instar de F. D. R. et de ses causeries radiophoniques au coin du feu, elle tenait une chronique journalistique intitulée « Ma journée ». Elle a beaucoup voyagé. Une caricature publiée dans le *New Yorker* est restée célèbre : on y voit deux mineurs de charbon dans la poussière et l'obscurité du fond d'un puits. Tandis qu'une vague silhouette s'approche d'eux, un mineur dit à l'autre : « Regarde, c'est Mme Roosevelt ! »

Bien que je ne doute pas que certains l'aient fait, je ne me rappelle pas avoir entendu quiconque utiliser l'expression « Première Dame » pour désigner Eleanor Roosevelt. Je ne l'ai moi-même certainement jamais utilisée à son sujet. Un tel titre n'était pas vraiment approprié. Il n'évoque pas l'existence d'une intelligence et de capacités autonomes, mais renvoie plutôt à la simple conséquence d'un mariage. De nombreuses femmes de présidents récents — Jacqueline Kennedy, Lady Bird Johnson, Nancy Reagan et, nul ne saurait en douter, Hillary Rodham Clinton — ont mené une vie indépendante et défendu leurs propres idées. Dans le cas d'Eleanor Roosevelt, c'était encore plus marqué. Nous ne la considérions pas comme une créature du président, et elle-même ne se considérait certainement pas comme telle. Elle menait une vie indépendante, et le fait qu'ils ne se déplaçaient pas souvent ensemble était même reconnu et accepté. Elle était présente à la Maison-Blanche à l'occasion d'événements mondains, mais personne ne s'imaginait que ces événements prenaient beaucoup de place dans sa vie. Nous estimions que, si les femmes avaient alors eu les mêmes possibilités de carrière que celles qui s'offraient aux hommes, Eleanor Roosevelt aurait très bien pu assumer elle-même la présidence des États-Unis. Bien sûr, elle ne l'a jamais dit ouvertement, mais il était clair qu'elle n'en avait jamais douté.

De taille légèrement supérieure à la moyenne, Eleanor Roosevelt projetait une image de force. Son visage se caractérisait par la fermeté des traits et s'ornait de la beauté propre à une intelligence certaine. Elle se vêtait d'une façon qui joignait l'utile à l'agréable : l'impression créée était celle du tweed. Il était difficile de l'imaginer dans une robe de soirée dernier cri ; on ne peut pas dire qu'elle annonçait Jacqueline Kennedy.

On la considérait comme un guide, une collègue et une associée du président, et non pas simplement comme sa femme.

À la création, en 1947, de *Americans for Democratic Action*, Eleanor et Franklin fils étaient assis à l'avant de la salle. Elle portait un ensemble et un petit chapeau de couleur sombre. Autour d'elle se trouvaient les héritiers du New Deal, mais personne ne doutait de l'identité de celle dont la présence, avec sa force tranquille, était la plus importante. Il en allait ainsi dans toutes les situations de ce genre. Il y avait Eleanor Roosevelt dans la salle, puis les autres.

J'ai fait la connaissance de Mme Roosevelt en automne 1940, dans une grande réception impersonnelle donnée à la Maison-Blanche en l'honneur du personnel de la défense nouvellement recruté. Beaucoup d'invités étaient jeunes, et il s'agissait d'un événement important. Ne possédant qu'une vieille Ford, l'un de nos amis, parmi les plus jeunes, et sa femme ont préféré la garer à quelques rues de la Maison-Blanche avant de héler un taxi pour se rendre à la réception. Il fallait afficher un certain panache, et leur vieille voiture ne faisait certes pas l'affaire. C'est pendant la lente cérémonie d'accueil que j'ai été présenté à Eleanor Roosevelt. Elle m'a serré la main pour me souhaiter la bienvenue à mon nouveau poste à Washington.

Ce même automne, une rencontre plus importante a eu lieu dans son appartement new-yorkais. Donald Comer, de Birmingham, en Alabama, propriétaire d'une importante entreprise de textile — Comer-Avondale Mills — avait déjà manifesté ses penchants progressistes, sauf peut-être en ce qui concernait les relations interraciales. Personne n'était vraiment surpris de le voir partager l'opinion, que j'ai évoquée précédemment, selon laquelle il était nécessaire que l'expansion que connaissait l'industrie de la défense ne fût pas concentrée essentiellement dans le Nord-Est. Axée plutôt sur les États du Sud, une telle expansion contribuerait à la modernisation de la primitive économie de plantation rurale et à la disparition de l'esprit de clocher qui y régnaient toujours. Comer a alors proposé que nous tentions de rallier l'appui de Mme Roosevelt. Elle avait toujours manifesté son intérêt pour ces questions.

Après avoir obtenu un rendez-vous, nous avons pris le train à destination de New York, puis le métro pour nous rendre chez elle ; nous sommes arrivés à son appartement à la fin de l'après-midi. Ses quartiers donnaient des signes d'usure bien visibles : la moquette de couleur sombre n'était certainement pas neuve. Alors que la pénombre crépusculaire gagnait les lieux, nous lui avons expliqué les motifs de notre présence et exposé les avantages que l'industrie de guerre procurerait aux États du Sud. Avant de nous rencontrer, elle avait réfléchi à la question. Sa préparation était évidente : elle en savait autant que nous sur le sujet. Elle veillerait à ce que le président reconnaisse en temps opportun combien cette action était importante. Tout s'est déroulé de façon concise et efficace.

Elle a tenu parole. Le président a donné son accord et d'importantes usines destinées à satisfaire les besoins de la défense ont été construites dans les États du Sud. Je me permets ici une petite digression pour souligner l'une des conséquences de cette décision.

À titre d'importante contribution au développement du Sud, il a été proposé de construire une grande usine de pièces d'obus à Gadsden, en Alabama. C'était également à Gadsden que les entreprises de pneumatiques s'étaient établies pour éviter la syndicalisation de la main-d'œuvre, avec la pleine collaboration des élus locaux. Sidney Hillman, représentant syndical au sein du Comité consultatif de la défense nationale, qui avait brièvement détenu un pouvoir décisionnel pour les questions de cet ordre, a alors opposé son veto. Nous ne pouvions construire une usine dans une ville où il ne pouvait se rendre lui-même.

Joseph — Joe pour tous — Starnes, représentant du district concerné au Congrès et réactionnaire notoire, s'est rallié à notre proposition. Puisqu'un si grand nombre d'emplois et de tels investissements étaient en jeu, Joe se disait prêt à faire une entorse à ses principes. Il a amené les édiles municipaux à déclarer que les organisateurs syndicaux seraient les bienvenus et qu'on leur offrirait un accueil digne de la véritable hospitalité sudiste. Cette allusion à l'hospitalité sudiste n'a pas eu l'heur de plaire tout de suite à Hillman, qui n'y a vu qu'un faux-fuyant, mais d'autres ont finalement su le convaincre de donner son accord.

C'est ainsi que la guerre a fait son apparition à

Gadsden, de même que les ouvriers et les syndicats. C'est également de cette façon qu'y a fait irruption le militantisme politique, et Joe Starnes représentait une cible tout indiquée. Dès l'élection suivante, il a été battu. Si elle avait su quel serait le résultat de son intervention, Mme Roosevelt aurait approuvé.

Vers la fin de la guerre, j'ai rencontré Joe Starnes, mais j'ai préféré m'abstenir de lui demander s'il serait encore disposé à faire une entorse à ses principes.

La vie d'Eleanor Roosevelt n'a pas été véritablement bouleversée par la mort de son mari ni, à mon avis, par le fait que Lucy Mercer Rutherfurd, amie et maîtresse de longue date, se fût trouvée avec lui au moment de son décès. Elle affrontait la vie et la mort telles qu'elles se présentaient. Elle avait toujours fait preuve d'une belle indépendance d'esprit et elle ne changerait pas. Lucy Mercer avait très peu d'importance à ses yeux. J'ajoute ici un mot à son sujet.

Comme bien des gens, j'ai appris en lisant l'ouvrage écrit par Jonathan Daniels que le président avait eu une maîtresse[1]. Je l'ai lu quelques jours à peine avant que Truman Capote n'organise son fameux *Black and White Ball*, énorme rassemblement de l'intelligentsia progressiste de 1966. Ma compagne pour la soirée organisée au domicile de Jean Stein, hôtesse new-

---

1. *The Time Between the Wars : Armistice to Pearl Harbor*, Garden City (NY), Doubleday, 1966.

yorkaise aimée de tous, était Alice Longworth, fille de Theodore Roosevelt et l'aînée du clan Roosevelt. Je n'ai pu m'empêcher de lui parler de l'ouvrage en question et de Lucy Mercer. Elle a immédiatement répliqué : « C'est sans importance. Tout le monde sait que Franklin était paraplégique. »

Après la mort du président, Eleanor a redoublé d'ardeur. Déléguée auprès de l'Organisation des Nations unies, elle a également présidé la Commission des droits de l'homme de l'ONU, joué un rôle clé dans l'élaboration de la Déclaration universelle des droits de l'homme et apporté une attention et un appui soutenus au mouvement des droits civiques aux États-Unis. Du vivant de F. D. R., elle avait été sévèrement critiquée en raison des liens d'amitié qu'elle avait établis avec certains dirigeants afro-américains, se laissant parfois photographier avec eux. Elle était dorénavant affranchie de toute contrainte politique.

Cette époque a vu l'émergence d'Adlai Stevenson sur la scène, ainsi que la naissance d'un courant de sympathie très fort, et réciproque, entre Eleanor et lui. Elle aimait beaucoup sa manière de faire de la politique, et plus particulièrement le vif intérêt qu'il manifestait à l'égard de la politique extérieure et de l'ONU. Pendant la campagne électorale de 1952, je faisais partie du groupe de rédacteurs de discours qui demeurait en communication avec elle. Nous lui avons envoyé une délégation au début de la campagne pour l'informer de notre stratégie, pour peu que nous en ayons une, et des questions que nous voulions mettre en relief dans les discours du candidat. Nos délégués sont revenus quelque peu abasourdis : les directives d'Eleanor au sujet de ce que Stevenson devait dire et faire étaient beaucoup plus précises et détaillées que ce qu'ils avaient eux-mêmes à proposer.

Tout au long des années 1950, Eleanor Roosevelt a exercé, au sein du Parti démocrate, une influence des plus discrètes et des plus importantes à la fois. Elle n'occupait pas le devant de la scène, mais elle se faisait entendre par la parole et par l'écrit. Elle fuyait les feux de la rampe. Il était impossible pour tout démocrate de se porter candidat à un poste important s'il ne pouvait compter sur son appui, et à plus forte raison si elle s'était opposée à sa candidature. Une telle situation ne faisait pas l'objet de discussions; nous la tenions pour acquise. En matière de politique extérieure, elle s'est vigoureusement opposée à John Foster Dulles, secrétaire d'État, et à ses fauteurs de guerre froide. En politique intérieure, elle agissait comme gardienne de l'héritage du New Deal et se préoccupait tout particulièrement de la situation des démunis. Il s'ensuivait que ceux qui ne bénéficiaient pas de son appui au sein du Parti démocrate se voyaient reléguer aux oubliettes. Cet état des choses n'a pas manqué d'avoir des répercussions sur l'action commune la plus importante que nous ayons menée à bien.

À la fin des années 1950, en plus de ses écrits et de ses autres activités, elle s'est mise au diapason de l'époque en animant une émission de télévision diffusée à partir de l'Université Brandeis, à Waltham, au Massachusetts. Elle devait par conséquent se rendre assez souvent à Cambridge, où nous avions rendez-vous pour déjeuner ou dîner ensemble, généralement en compagnie d'amis progressistes convaincus. J'appuyais maintenant John F. Kennedy dans la campagne qu'il menait pour obtenir l'investiture du Parti démocrate en vue de l'élection présidentielle. Il était important qu'elle lui apporte son appui.

Rien ne pouvait s'opposer plus radicalement à son flair politique. La famille Kennedy était renommée pour les liens très étroits qui unissaient ses membres. Lorsqu'il était ambassadeur à la cour de Saint-James, le père de J. F. K., Joseph P. Kennedy, s'était sérieusement brouillé avec Roosevelt sur la question déterminante du soutien à la Grande-Bretagne pendant la guerre. Il estimait que nous nous rangions du côté du perdant. Eleanor était totalement en désaccord avec lui, et ce désaccord rejaillissait automatiquement sur le fils de Joe.

Je l'exhortai à admettre que le fils ne saurait expier les péchés du père. En vain. Puis, invité à son émission de télévision tout à la fin de 1959, je lui ai proposé de tempérer son opposition à J. F. K. juste assez pour accepter sa présence à une émission ultérieure. J'ai été plutôt surpris de l'entendre donner son accord. Comme il arrive souvent, le désir de plaire à un auditoire l'avait emporté sur les divergences politiques.

L'émission en question s'est très bien déroulée.

Les deux participants tenaient des propos intéressants et faisaient même preuve d'une certaine éloquence. J'éprouvais un vif sentiment d'autosatisfaction. Des journalistes étaient présents et, après l'émission, ils ont posé à Mme Roosevelt la question la plus urgente du moment. Kennedy avait fait connaître le jour même son intention d'obtenir l'investiture du Parti démocrate. Lui apporterait-elle son appui ? Sans laisser le moindre doute sur son sentiment, elle a répondu qu'elle ne le ferait *certainement* pas. Il va sans dire que c'est essentiellement ce qu'on a retenu de cette émission. Kennedy a émis des doutes quant à mes dons de stratège. Pendant le dîner, ce soir-là, il n'a pu s'empêcher d'évoquer l'insondable incompétence politique de certains intellectuels…

Dans les mois qui ont suivi, toutefois, elle a appris à mieux connaître J. F. K. ; elle a pu constater qu'il savait s'affirmer et que le charme des Kennedy opérait, si bien que, en été 1960, elle avait changé d'avis et lui apportait son plein appui. Comme l'élection présidentielle a été très serrée, il est bien possible qu'elle ait fait pencher la balance en sa faveur.

Pendant la campagne électorale, elle a proposé que quelqu'un, c'est-à-dire moi, aille voir Bernard Baruch pour lui demander de verser une contribution financière. Baruch était encore un personnage influent ; il se qualifiait lui-même de rooseveltien important. Sauf que son allégeance n'était jamais assurée tant qu'il n'avait rien versé à un candidat. Il fallait donc obtenir de lui un soutien financier. C'est pourquoi, à mon passage suivant à New York, j'ai pris rendez-vous, je me suis rendu chez lui, Fifth Avenue, j'ai prêté l'oreille à ses réminiscences d'égocentrique et j'ai reçu sa contribution. Il m'a alors prié de croire qu'il était des nôtres. Nixon avait déjà saboté sa propre cause en demandant à Baruch, alors âgé de quatre-vingt-dix ans, de diriger un comité de citoyens du troisième âge pendant la campagne électorale.

« Moi, un citoyen du troisième âge ? Mais pour qui me prend-il ? »

Lorsque j'ai revu Eleanor peu après, je lui ai décrit avec un certain contentement la démarche que j'avais effectuée et le succès que j'avais remporté auprès de Baruch. Je me rappelle sa réaction : « Ah, ce cher Bernie. Quel homme ! En 1945, mon mari et lui avaient rompu leurs liens. Comme d'habitude, il se servait de la Maison-Blanche à des fins personnelles, ce qui avait fini par provoquer leur rupture. Mais, pour Bernie, cela n'avait rien changé. Dès qu'il a appris la mort du président, il s'est précipité à Warm Springs. Il est resté là-bas avec nous. Il a pris le train de Washington avec nous. Il était aux funérailles d'État avec nous. Il a pris le train de Hyde Park avec nous. Il était aux funérailles familiales. Et plus d'une fois, Ken, j'ai pensé qu'il allait se glisser dans le cercueil à côté de Franklin. » Voilà Eleanor Roosevelt : la raillerie mordante.

C'est à New Delhi, où j'étais ambassadeur, qu'on m'a informé, tôt le matin du 8 novembre 1962, du décès d'Eleanor Roosevelt, à l'âge de soixante-dix-huit ans. Je me suis mis à songer au passé. Elle était la personnalité publique que j'avais le plus respectée et même aimée, malgré les longues périodes d'éloignement. La disparition des deux Roosevelt signifiait pour moi la fin des temps.

J'ai immédiatement fait mettre en berne le drapeau de l'ambassade. Plus tard, le vice-ambassadeur, distingué représentant du Service extérieur, est venu me signaler que cela ne peut se faire qu'après réception d'un ordre en ce sens provenant de Washington. Le drapeau devait reprendre sa position normale. Je me suis emporté et lui ai dit crûment qu'il pouvait aller se faire foutre. J'ai immédiatement regretté ma saute d'humeur et je me suis excusé. Mais j'ai aussi demandé que le drapeau reste comme il était. Vers midi, j'ai reçu un télégramme de la Maison-Blanche ordonnant à toutes les ambassades américaines dans le monde de mettre leur drapeau en berne.

Une question demeure. Quelle influence Eleanor Roosevelt a-t-elle exercée sur l'orientation du mandat présidentiel le plus déterminant du siècle sur les plans social et politique ? On ne doit pas exagérer l'ampleur de son apport. C'est bel et bien F. D. R. qui a assumé le rôle décisif, rôle circonscrit par les deux événements marquants de cette époque : la Grande Dépression et la Seconde Guerre mondiale. Eleanor Roosevelt servait d'intermédiaire. Elle nous permettait d'obtenir l'attention du président, comme je l'ai expliqué ici, et rassurait tous ceux qui sollicitaient une action à portée sociale. Personne n'a mieux défendu qu'elle la cause des démunis. Elle a assuré la promotion des droits de l'homme tant au pays qu'à l'étranger. Bien davantage que son mari, elle a fait preuve d'une conscience morale inébranlable, qualité qui lui a été reconnue par tous. Il reste que c'est F. D. R. qui a fait face à l'histoire.

5

Albert Speer
L'irremplaçable ennemi

Pendant et après la Seconde Guerre mondiale, Albert Speer, responsable de l'armement sous Hitler et, dans les faits, âme dirigeante de l'économie de guerre de l'Allemagne, a été l'une des personnalités publiques les plus savamment construites de l'histoire moderne. Il doit, dans une certaine mesure, sa notoriété à ses accomplissements, mais sans doute encore davantage à ceux des Alliés. À cette époque, et particulièrement à ce moment précis de l'histoire, il fallait pouvoir compter sur un ennemi de taille, ou qui donnait l'impression de l'être, et Speer, plus que quiconque, remplissait une telle condition. J'y reviendrai plus loin.

Albert Speer a d'abord été l'architecte de Hitler. Il a séduit le Führer avec le genre de projets architecturaux et paysagers qu'ont toujours aimé réaliser les tyrans, au cours des siècles, pour laisser leur marque dans l'histoire, c'est-à-dire des projets de grande ampleur et très coûteux, souvent au détriment de l'élégance ou de la beauté. Comme je l'ai déjà signalé, Speer a dirigé la production d'armements de l'Allemagne pendant la guerre et, plus globalement, toute son économie de guerre. La plupart des hauts dirigeants nazis, tels Paul Joseph Goebbels, Heinrich Himmler et même Hermann Goering, ont disparu de la mémoire collective et, dans une certaine mesure, ont même été relégués aux oubliettes de l'histoire. Qui se souvient encore de Martin Bormann, ami le plus proche de Hitler, dont la fuite éventuelle hors de l'Allemagne dans les derniers jours de Berlin avait fait l'objet de toutes sortes d'hypothèses ? Le rideau est également tombé sur les amiraux et les généraux de Hitler, y compris son infortuné successeur, l'amiral Karl Dönitz. Seul, ou presque, reste le nom d'Albert Speer. Des documentaires télévisés ont décrit sa vie, sa personnalité et ses réalisations, sans oublier les livres publiés à son sujet, dont ceux qu'il a écrits lui-même. Non seulement il est resté la figure du IIIe Reich la plus vivement gravée dans les mémoires, après celle de Hitler, mais, de façon encore plus remarquable, il est celui qui a le moins payé pour avoir collaboré aux crimes commis par le régime. Cela est d'autant plus extraordinaire qu'il était loin de posséder toutes les compétences requises pour assumer les fonctions qui lui ont été confiées. En outre, il a été étroitement lié à certaines des plus horribles entreprises nazies.

Sans aucune expérience préalable en la matière, Albert Speer a hérité de la responsabilité de la production d'armements au début de 1942, après la mort de son prédécesseur, Fritz Todt, dans un accident d'avion. Après plus de deux années de guerre, le rythme de fabrication des armes en Allemagne était demeuré modeste ; il était même inférieur à celui de la Grande-Bretagne en ce qui concernait les principales catégories d'armes. Sous la direction de Speer, ce rythme s'est accéléré, mais de façon lente et incertaine. Le passage de la production de biens de consommation à la fabrication d'armes a été hésitant ; les femmes n'ont pas été appelées à travailler en usine. Pourtant, on continuait à recruter des femmes pour accomplir des travaux ménagers, quitte à en faire venir d'Ukraine. Le travail de nuit était exceptionnel. Seuls la réparation et le rétablissement des usines et des moyens de transport ayant été bombardés revêtaient un caractère réellement urgent, ainsi que les forces aériennes des Alliés ont pu ultérieurement le constater, à leur grand désagrément. Dans l'ensemble, la production d'armes n'a atteint son apogée que vers la fin de 1944, au moment où la guerre s'achevait.

Speer lui-même n'a jamais nié l'état de la situation qui régnait alors. Au cours d'interrogatoires menés après la capitulation allemande, il a reconnu ses erreurs de gestion en la matière. Il a décrit le profond mécontentement qu'il a éprouvé à la lecture d'un reportage dans la revue *Life* au sujet du grand nombre d'Américaines employées dans les chantiers navals et les avionneries. L'Allemagne ne comptait sur aucun bataillon féminin de production. Pourtant, Speer n'a pas ordonné l'enrôlement des femmes, ni autorisé le travail de nuit, ni stimulé autrement la production militaire. On a plutôt favorisé le recours au travail forcé. La main-d'œuvre ainsi exploitée peinait sans enthousiasme, on s'en doute. Speer n'a jamais nié non plus les souffrances et les traitements cruels qu'elle a endurés sans cesse. Il en attribuait plutôt la responsabilité à Fritz Sauckel, plénipotentiaire chargé de la main-d'œuvre et criminel de guerre nazi. Durant ses interrogatoires, Sauckel s'est exprimé très franchement et, à propos de Speer, a déclaré : « Voilà un homme que vous devriez pendre. » C'est Sauckel qui a été pendu[1].

Le nom d'Albert Speer a peu circulé aux États-Unis et en Grande-Bretagne pendant la guerre. Il était beaucoup plus souvent question de Göring, de Goebbels et de Himmler. Le nom de Speer était davantage en évidence dans les dossiers du Bureau des services stratégiques (*Office of Strategic Services,* ou OSS, ancêtre de la CIA) et, à la fin de la guerre, il était bien connu des milieux liés aux services de renseignements, mais d'eux seuls. Je ne me rappelle pas avoir entendu parler de lui avant mon arrivée en Allemagne, au printemps de 1945.

J'ai fait la connaissance de Speer à Flensburg, près de la frontière danoise, quelques jours après la fin de la

---

1. Voir *Une vie dans son siècle,* Paris, Gallimard, 1983.

guerre. Ayant succédé à Hitler, le gouvernement de Dönitz s'était installé dans cette ville, tandis que les Alliés attendaient la reddition d'un gouvernement qui avait déjà capitulé deux fois : à Reims, aux mains des troupes occidentales des Alliés, et à Berlin, aux mains des Soviétiques. Comme je l'ai déjà signalé, j'occupais alors un poste de directeur du Comité d'étude sur les bombardements stratégiques effectués par les États-Unis et j'étais chargé d'évaluer l'incidence réelle, plutôt que simplement escomptée, des bombardements menés contre le Reich.

Étalé sur plusieurs jours, l'interrogatoire de Speer s'est déroulé dans le magnifique Schloss Glucksburg, encore intact, près de Flensburg, où il était détenu. Les séances commençaient chaque jour à midi, étant donné que Speer était ministre de l'Économie et de la Production dans le cabinet Dönitz et que celui-ci se réunissait, essentiellement à des fins protocolaires, tous les matins à onze heures. Speer, fier d'afficher sa connaissance des expressions populaires en américain, disait : « C'est ce que vous appelez un film de série B de la Warner Brothers. »

En présence de George Ball, j'ai participé à un interrogatoire ultérieur de Speer, tenu au château Kransberg, en Allemagne centrale, qui avait été transformé en prison relevant des autorités britanniques et dont le nom de code était « Dustbin » (« poubelle », en anglais). Le camp de détention américain pour les hauts responsables nazis, où ont également été effectués des interrogatoires, se trouvait à la station balnéaire de

Mondorf-les-Bains, au Luxembourg, et portait le nom de code de « Ashcan » (« poubelle » ou « missile sous-marin », en américain). Une pointe d'humour se manifestait parfois, même en ces jours sombres.

Albert Speer était grand et mince. Il dégageait un certain charme et avait la parole facile. Lorsqu'on l'interrogeait, il donnait l'impression d'avoir déjà anticipé toutes les questions, ce qui était d'ailleurs bien possible. Toutes celles que nous lui avons posées dans le cadre de notre mandat, qui consistait à évaluer les conséquences des attaques aériennes, ont reçu des réponses précises et étayées par un ensemble de données statistiques qu'il avait soigneusement emportées en quittant Berlin et déposées temporairement dans les coffres d'une banque de Hambourg. Bien sûr, nous avons pu les obtenir.

C'est au sujet de ses rapports avec Hitler et avec la hiérarchie nazie, de la responsabilité implicite de tous les hauts responsables nazis dans la mise sur pied des camps de concentration et des camps de la mort et, comme je l'ai dit précédemment, du recours à la main-d'œuvre forcée que sa préparation méticuleuse a été la plus visible. On a pu le constater immédiatement avant et pendant le procès de Nuremberg. Nous avons eu un aperçu éclatant de la stratégie qu'il avait mise au point pour assurer sa survie et son éventuelle réhabilitation. Contrairement, comme il le savait bien, à ce qu'allaient faire certains de ses ex-collègues, il n'a pas tenté de nier sa responsabilité ou sa culpabilité, car il aurait alors été identifié à ceux dont il voulait précisément se dissocier ; de toute façon, qui l'aurait cru s'il avait plaidé l'innocence ? Il n'a pas non plus feint l'ignorance au sujet des camps de la mort : « On m'a informé qu'il se passait là-bas des choses que je ne voudrais jamais voir. » En ce qui concernait la conduite de la guerre par les nazis, il s'est décrit comme un participant, oui, mais différent de tous les autres : il était présent, mais il était aussi à l'écart. Il n'était pas issu de l'appareil du Parti nazi et n'avait pas adopté l'attitude propre aux militants nazis. C'est Hitler qui avait fait appel à lui et avait fait de lui un acolyte. Speer réservait sa loyauté au Führer et non à la hiérarchie nazie. C'est en raison de ses profonds liens personnels avec Hitler qu'il s'est envolé vers Berlin pour lui faire ses adieux quelques heures avant son suicide, au moment où les troupes soviétiques n'étaient plus qu'à quelques kilomètres de son bunker. Il a été moins convaincant lorsqu'il a affirmé que ces mêmes liens l'ont empêché de répandre un gaz toxique dans le système de ventilation du bunker durant les derniers jours de la guerre. Il a prétendu avoir envisagé de le faire, avant de décider de s'en abstenir.

Ne faisant pas partie de l'appareil nazi, il a pu en observer avec détachement, et même avec un certain mépris, les principaux membres. Au fil des semaines, j'ai participé aux interrogatoires de Hermann Göring, de Joachim von Ribbentrop et des deux derniers officiers supérieurs de l'état-major de Hitler, le feld-maréchal Wilhelm Keitel et le général Alfred Jodl, que Speer a qualifiés de véritables pantins. J'ai également pu observer de plus près Julius Streicher et Robert Ley, nazis convaincus tous les deux. Il était facile de constater qu'ils ne ressemblaient pas à Speer. Je n'exagère pas du tout en affirmant qu'ils formaient tous une incroyable bande d'incompétents et de déséquilibrés pour la plupart. Speer savait qu'ils seraient ainsi jugés aux yeux de l'histoire et il s'est employé à faire ressortir tout ce qui le distinguait. C'est dans une telle optique qu'il a souligné le rôle extraordinaire qu'ont joué l'alcool et les stupéfiants vers la fin du régime nazi. La toxicomanie de Göring était notoire ; lorsque nous l'avons interrogé en prison cette année-là, il était cloué au lit, en proie aux affres du sevrage que lui avaient imposé ses geôliers américains. D'autres éprouvaient les effets, analogues mais moins aigus, d'une sobriété subite. À Flensburg, Speer avait levé le voile sur la question : « Les historiens sauront démontrer que le IIIe Reich s'est noyé dans un océan d'alcool. [...] Durant les derniers mois, je n'ai côtoyé que des hommes ivres en permanence. »

Bien sûr, il n'y a là rien de tout à fait exceptionnel. Le passé offre d'assez nombreux exemples de décisions particulièrement extravagantes qu'ont prises certains dirigeants politiques ou militaires aux facultés affaiblies par l'alcool. Les historiens font très peu souvent mention de ce fait : la loi du silence interdit toute allusion à l'alcool et aux décisions qui découlent de ses effets. Speer s'est servi du cas notoire des hauts responsables nazis en Allemagne pour illustrer en quoi il se distinguait d'eux.

Albert Speer a eu la vie sauve. Il a été condamné à vingt ans de détention à la prison de Spandau. Il s'est alors attaché, avec succès, à préserver et à améliorer sa réputation. Avec l'aide d'un ancien complice, il est parvenu à faire supprimer certains éléments de son dossier, notamment ceux qui portaient sur sa décision d'expulser les Juifs de Berlin. Il a mis son autodiscipline en évidence. Ainsi, après avoir étalé une carte dans sa cellule, il s'est lancé dans une marche autour du monde en mesurant soigneusement la distance parcourue chaque jour. À sa libération, il avait conservé une vigueur remarquable. Il s'est ensuite appliqué à rédiger une version des faits où il présentait son passé sous un jour favorable et, lorsqu'il le fallait, où il se justifiait. Il a voyagé et accordé des entrevues, dont une à George Ball, coresponsable avec moi des interrogatoires à Flensburg. À sa mort, il jouissait de l'estime générale[2].

Que Speer soit parvenu à préserver et à améliorer sa réputation (et même sa vie) s'explique par les efforts fructueux qu'il a déployés pour se distinguer des autres

---

2. Comme je l'ai déjà signalé, il avait mis au point, avant même la fin de la guerre, un plan pour assurer sa survie, voire regagner l'estime publique. George Ball et moi avons relaté la situation dans un article publié par la revue *Life* en 1945, et j'ai eu le plaisir de constater que notre interprétation a été reprise et confirmée dans un ouvrage très bien documenté et récemment publié par l'auteur néerlandais Dan van der Vat (*The Good Nazi : The Life and Lies of Albert Speer,* Boston, Houghton Mifflin, 1997).

nazis, ses compagnons dans le crime. Mais un autre élément a joué en sa faveur, qui est peu souvent reconnu et qui doit être souligné ici. Pendant ou après une guerre, les protagonistes éprouvent le besoin d'accorder de l'importance à l'ennemi. En temps de guerre, ils le font pour tirer le maximum des troupes : « Nous affrontons un ennemi redoutable et il faut se préparer au pire. » Aucun adage n'est plus souvent et plus sentencieusement répété aux soldats que « Ne sous-estimez pas l'ennemi. »

Après la guerre, les vainqueurs ne désirent pas que l'impression générale de force et d'intelligence que donnait plus tôt l'ennemi maintenant vaincu soit affaiblie, car cela diminuerait la valeur de leurs exploits accomplis en temps de guerre et l'importance de la victoire. Seule la défaite d'un adversaire valeureux peut faire passer à l'histoire le conflit remporté par les vainqueurs, et ce sont bel et bien ces derniers qui écrivent l'histoire.

Tout cela a joué un grand rôle pendant la Seconde Guerre mondiale. Tout au long de cette guerre, inspirés par la vieille tradition militaire propre à leur pays, les soldats, marins et aviateurs allemands ont fait preuve de courage et d'efficacité. Cependant, les stratèges politiques et militaires allemands ont manifesté une profonde incompétence. Comment expliquer autrement qu'ils aient déclaré la guerre aux États-Unis, alors même que les armées allemandes devaient affronter le terrible hiver russe ? Ou encore qu'ils aient donné l'ordre catastrophique de poursuivre le siège de Stalingrad ? Ou encore qu'ils aient entretenu la conviction qu'ils pouvaient infléchir le cours des événements grâce à la contre-offensive des Ardennes ? Le bilan de guerre nazi est lourd de décisions stupides. Au palmarès des échecs militaires, peu de noms rivalisent avec ceux de Hitler ou de ses conseillers en matière d'erreurs stratégiques.

Compte tenu d'un tel degré d'incompétence avérée, il devenait nécessaire pour les Alliés, surtout après le retour de la paix, de rechercher tout signe indiquant que l'ennemi avait été à la hauteur des efforts et des sacrifices consentis. Les hauts responsables nazis et les généraux complices ne pouvaient simplement pas servir à cette fin : leur incompétence et leurs erreurs étaient trop évidentes. Hitler lui-même s'était révélé particulièrement pitoyable. Seul Speer était susceptible de refléter la présence d'un semblant d'intelligence au sein de la direction nazie. C'est pourquoi on l'a présenté comme une personnalité remarquable, en tout cas beaucoup plus intéressante que le toxicomane Hermann Göring, que le verbo-moteur impénitent Paul Joseph Goebbels, que le faible d'esprit Joachim von Ribbentrop, que le maniaque téméraire qu'était Hitler lui-même ou que leurs conseillers militaires, les fameux pantins que j'ai évoqués précédemment. Speer doit une bonne partie de sa notoriété au fait qu'il a pratiquement été le seul parmi les hauts responsables nazis à apparaître comme un ennemi digne d'estime.

Je termine ce chapitre en décrivant brièvement les impressions d'un aviateur d'expérience.

En raison de mon poste et de mon rang en Allemagne en 1945, j'ai pu disposer d'un avion, qui n'était toutefois pas très sûr. Le C-64 canadien qu'on m'avait attribué n'avait pas la puissance nécessaire pour transporter sa charge utile en toute sécurité. À ses commandes se trouvait un ancien pilote de combat, un homme alerte, de nationalité belge, qui était encore plus préoccupé que moi par les insuffisances de notre appareil. Il a d'ailleurs survécu à un atterrissage d'urgence, mais, heureusement pour moi, je n'étais pas à bord de l'avion à ce moment-là.

Ce jour-là, nous survolions la Moselle après un interrogatoire de hauts responsables nazis au camp Ashcan, au Luxembourg. Connaissant sa vive curiosité au sujet de ces hommes, j'avais pris des dispositions avec le directeur de la prison pour que mon pilote puisse faire, avec les gardiens, la ronde de surveillance matinale des prisonniers. Il a pu voir Göring, en état de sevrage, et observer l'image désolante qu'offraient les ruines vivantes du régime nazi. À son retour, il était triste, au bord des larmes. Il a fini par me dire pourquoi : « Qui aurait cru que nous menions la plus grande guerre de l'histoire contre une telle bande de minables ? » Je songeais aussi à cela en regardant les vignobles défiler paisiblement sous notre avion. Albert Speer, que le pilote n'avait pas vu, aurait légèrement relevé le tableau, comme il l'a fait pour tant d'autres par la suite.

6

Harry Truman — et après

En hiver 1946, j'ai quitté mes fonctions de rédacteur et d'éditorialiste à la revue *Fortune*, après qu'on m'a eu rappelé à Washington, au Département d'État, pour que je m'occupe des questions économiques touchant l'Allemagne, l'Autriche et la Corée-du-Sud. Les responsabilités n'étaient pas démesurées. La structure hiérarchique à laquelle j'appartenais remontait jusqu'aux chefs d'état-major interarmées au Pentagone puis, par des voies obscures, à Berlin et à Tokyo. J'ai établi des liens étroits et tout à fait admiratifs avec le général Lucius Clay, qui, comme je l'ai dit, était responsable des questions relatives à l'occupation américaine en Allemagne. Plus tard, j'ai rédigé le discours qu'a prononcé à Stuttgart James E. Byrnes, secrétaire d'État, discours qui a acquis une certaine célébrité et qui annonçait, entre autres choses, la reprise par les

Allemands de la mainmise sur leur économie. Je ne crois pas que le général Douglas MacArthur, au Japon, ait été informé de ce que je faisais, tandis que le président Harry Truman l'était à peine davantage. Le président a alors demandé au général John H. Hilldring, qui avait quitté le Pentagone pour entrer au Département d'État, et à moi-même d'observer attentivement, en sus de nos autres tâches, la politique à l'égard d'Israël, ou du moins de ce qui allait ensuite être appelé ainsi. Il ne faisait pas confiance aux éminents responsables du Département d'État, pas seulement parce qu'ils étaient pro-Arabes, mais aussi — il ne faut pas se le cacher — parce qu'ils étaient antisémites. J'ai exprimé mon appui à l'État juif — comme on disait à l'époque — aux réunions du CORC (le Comité de coordination), qui rassemblait les chefs des différents bureaux du Département. Parmi mes collègues se trouvait Alger Hiss, qui, invariablement, se rangeait sans état d'âme du côté de l'élite dirigeante.

Harry Truman n'était pas une présence qui en imposait, profondément et peut-être même exagérément conscient de son manque de préparation lorsqu'il a soudain accédé au poste qui serait dorénavant le sien. Roosevelt avait toujours estimé qu'il était destiné à être président des États-Unis, alors que Truman était le premier étonné que lui, plus que quiconque, avait hérité de ce poste. Ses qualifications, comme bien des gens l'ont ensuite reconnu, n'étaient pas minces. Il avait l'esprit alerte et possédait un admirable bon sens. Il tenait à assumer ses responsabilités — « je réponds de tout » — et maniait volontiers l'humour. Il lisait beaucoup et était bien informé au sujet des politiques publiques. Il possédait une vaste expérience et un instinct très sûr. Cet instinct s'est rapidement manifesté lorsque, après avoir succédé à F. D. R., Truman a mené son parti à un triomphe inattendu et sans précédent à l'élection de 1948.

À la base du système politique américain se trouve l'idée reçue selon laquelle toutes les régions du pays et toutes les classes sociales ont voix égale au chapitre. C'est ce qu'enseigne tout bon manuel et ce que croit tout bon citoyen. Avant la présidence de Harry Truman, la réalité était tout autre : une élite de l'Est du pays exerçait sa mainmise sur les fonctions gouvernementales aux États-Unis depuis le début du siècle. Il y avait bien eu quelques exceptions à cette règle, mais les deux Roosevelt, Woodrow Wilson et Calvin Coolidge étaient tous originaires de l'Est. Herbert Hoover se considérait comme un New-Yorkais, et c'est à New York qu'il a pris sa retraite. Robert Taft, longtemps porte-parole du Parti républicain, venait de l'Ohio, mais il était issu d'une famille auparavant solidement ancrée dans le sud du Vermont. On évoquait rarement une telle mainmise de l'Est, et il ne faudrait pas en exagérer l'ampleur. Après tout, d'importants personnages étaient originaires du centre et de l'ouest des États-Unis : les La Follette, du Wisconsin ; les Wallace, de l'Iowa ; Hiram Johnson, de Californie ; William Jennings Bryan, du Mid-West, qui se faisait toutefois de plus en plus discret. Néanmoins, le fait demeure : le gouvernement fédéral était largement sous l'emprise des États de l'Est et des diplômés issus de leurs établissements d'enseignement.

Harry Truman a donné le coup de grâce à cette domination de l'Est. Il avait œuvré au sein de l'appareil politique de Pendergast à Kansas City et en avait bénéficié. Personne avant lui n'avait eu de tels antécédents. Avant de devenir vice-président, Truman avait été un sénateur plus ou moins efficace. Pendant la guerre, il avait dirigé le Comité spécial du Sénat chargé d'examiner le Programme de défense nationale *(Senate Special Committee to Investigate the National Defense Program)*, connu de tous sous le nom de comité Truman. Ce comité avait fait preuve d'une grande efficacité dans l'identification des dépenses excessives, irrégulières ou frauduleuses liées à l'exécution des contrats d'approvisionnement pendant la guerre. Il avait ainsi créé un certain climat de crainte qui était bien utile. Il n'en demeurait pas moins que la présence au Bureau ovale d'un Harry Truman, issu d'une petite ville du Mid-West et d'un appareil de parti où les mœurs politiques étaient parfois douteuses, revêtait un caractère tout à fait inédit. Personne n'en était plus vivement conscient que Truman lui-même. On tenait généralement pour acquis qu'il se contenterait de mener à son terme le mandat présidentiel de Roosevelt.

Une telle opinion était largement répandue en 1948. J'ai d'ailleurs pu le constater avec un certain plaisir le soir de l'élection présidentielle, cet automne-là. À cette époque, j'avais déjà regagné Cambridge pour relancer ma carrière universitaire. Me contentant de voter, je n'avais pas participé à la campagne électorale, tout comme la plupart des membres des milieux progressistes de Cambridge et de Boston. Truman n'avait pas exactement le profil du candidat que ceux-ci favorisaient.

Après la fermeture des bureaux de scrutin, les membres de notre confrérie se sont rendus en grand nombre au spacieux domicile d'Arthur Schlesinger fils pour se préparer à l'annonce de l'inévitable défaite. Tous estimaient que les démocrates et leur chef fortuit mordraient la poussière devant Thomas E. Dewey. L'un des rares moments réjouissants des dernières semaines de campagne électorale était survenu lorsque Harold Ickes, ministre de l'Intérieur sous Roosevelt et voix progressiste la plus éloquente de l'époque, s'était employé à souligner la réticence du candidat républicain à aborder toute question délicate et s'était mis à attaquer vigoureusement « Thomas *Évasif* Dewey, le candidat louvoyant » *(Thomas Elusive Dewey, the Candidate in Sneakers).*

Avant de me rendre chez Schlesinger, j'ai voulu écouter la radio et je me suis rendu compte que les événements ne suivaient pas le cours attendu. Avec un certain détachement, j'ai signalé à ma femme que le fringant porte-étendard républicain commençait peut-être à être assailli de doutes : « Je pense que Thomas E. Dewey est peut-être bien en train de souiller ses belles culottes de serge bleue. »

Nous nous étions rassemblés chez Schlesinger pour prendre un verre et poursuivre nos traditionnelles discussions. Toujours en proie aux mêmes doutes sur l'issue du vote, j'ai tout de suite allumé la radio, accompagné dans mon écoute par Barbara Kerr, amie, journaliste émérite et progressiste notoire, dont le travail consistait toutefois à rédiger des éditoriaux pour le *Boston Traveler*, journal ultraconservateur qui a heureusement disparu depuis longtemps. Elle est montée à l'étage, puis est redescendue avec son manteau et s'est de nouveau jointe à moi pour écouter les nouvelles à la radio. Enfin, elle s'est levée pour partir. Je lui ai demandé pourquoi elle s'en allait déjà. « Mon éditorial sur le "Retour à la raison" ne fera plus l'affaire, a-t-elle répondu. Je dois plutôt pondre un "Pas de mandat pour le socialisme". »

C'est le lendemain qu'a été diffusée la plus célèbre de toutes les photographies politiques. On y voit Harry Truman tenant joyeusement une édition spéciale du *Chicago Daily Tribune* barrée du plus noir des titres : DEWEY L'EMPORTE SUR TRUMAN *(DEWEY DEFEATS TRUMAN)*.

Bien qu'on ne l'ait pas reconnu à l'époque, la personnalité de Truman exerçait un attrait tout à fait particulier. Roosevelt, comme je l'ai indiqué, se considérait comme le grand propriétaire du domaine national dans toute son étendue, chargé d'assurer le bien-être de ses métayers. Truman, au contraire, se considérait comme l'un des métayers du domaine. Tout le monde le connaissait. Après son accession à la présidence, on parlait de « *Harry* Truman », pas du « président Truman » ou du « président ». L'avantage qu'il en retirait échappait à ceux d'entre nous qui assistions à la réception donnée à Cambridge pour la soirée électorale, tout comme cela nous a échappé lorsque Adlai Stevenson s'est porté candidat à la présidence, ce qui eut de fâcheuses conséquences. Adopté avec conviction — et même avec affection — par l'élite intellectuelle de tout le pays, Stevenson ne s'identifiait pas à la population et à l'électorat dans leur ensemble. Son point faible était précisément le point fort de Truman. J'y reviendrai plus loin.

Truman différait beaucoup de Roosevelt sur un autre plan. Lorsqu'il s'agissait de questions politiques et de déclarations publiques, F. D. R. gardait toujours une certaine latitude lui permettant de reporter à plus tard la décision. Ses intentions étaient souvent loin d'être claires. Truman ne laissait planer aucune incertitude, aucun doute de ce type. On disait toujours de lui qu'il donnait « l'heure juste ». C'était là un changement fort bien accueilli.

Mon souvenir le plus vif de Harry Truman remonte à la fin des années 1950, au moment où les démocrates étaient dans l'opposition, quand fut créé un groupe consultatif spécial formé d'intellectuels et d'énergiques chercheurs d'emploi, associé au Comité national démocrate *(Democratic National Committee)* et dénommé Conseil consultatif démocrate *(Democratic Advisory Council)*. Dean Acheson, responsable de la politique extérieure et partisan de l'adoption, nécessaire à ses yeux, d'une position ferme et vigoureuse au sujet de la guerre froide, et moi, responsable de la politique intérieure et de la suite à donner au New Deal, en étions les coprésidents. Nous nous réunissions régulièrement et, après des débats prolongés et souvent répétitifs, nous publiions des déclarations sur l'action que nous jugions nécessaire. Au moment où Acheson terminait sa présentation officielle, Averell Harriman ajoutait toujours : « Eh bien, Dean, je vois que tu as encore déclaré la guerre aux Russes. » J'exprimais alors mon accord avec Harriman. Acheson était autant en désaccord avec mes positions progressistes en matière de politique intérieure que je l'étais avec ses positions agressives au sujet de la guerre froide.

Un jour, Truman s'est présenté à notre réunion. Pour l'occasion, on avait convié la presse et la radio ; la réponse a été enthousiaste et les journalistes sont arrivés avec tout leur matériel. Il s'agissait de Harry Truman, après tout. Je présidais la réunion cette journée-là, et Truman s'est joint à moi au centre de la table. Il arrivait de New Haven où, en tant que *Chubb Fellow* à Yale, il occupait un poste de chercheur invité. J'ai déjà eu l'occasion de relater ailleurs le dialogue suivant[1] :

« Monsieur le Président, parlez-nous un peu de Yale.

---

1. Voir *Une vie dans son siècle,* Paris, Gallimard, 1983.

— Vous savez, professeur, toutes les universités se ressemblent. Les étudiants sont tous républicains, les professeurs sont tous démocrates. Ceux qui parlent des différences entre les universités, a-t-il poursuivi, me rappellent la fois où, à Independence, j'étais allé assister à un procès parce que j'avais du temps à perdre. L'un des procureurs était particulièrement habile et compétent. Dans un procès pour viol, il entame la procédure comme suit : "Votre Honneur, je m'apprête à démontrer que cet homme a eu un rapport sexuel avec cette pauvre femme non consentante. Et, Votre Honneur, je vais prouver ensuite qu'il s'est également rendu coupable de fornication avec cette jeune femme réticente." Le juge trouvait cela un peu surprenant. Comme tout se faisait à la bonne franquette, le juge lui dit : "Je ne comprends pas trop, Bill. Quelle est la différence entre les deux ?" Bill répond alors : "M'sieur le juge, je dois admettre que j'ai essayé les deux façons, et ça revient pas mal au même !" D'après moi, c'est la même chose pour les universités : leurs noms sont différents, mais elles sont identiques au fond. »

C'est à ce moment que Charles S. Murphy, ex-conseiller de Truman à la Maison-Blanche, puis sous-ministre de l'Agriculture avant de devenir président de l'Agence de l'aviation civile *(Civil Aeronautics Board)*, s'est précipité devant la table où nous étions assis. Il tenait une feuille de papier où étaient écrits ces mots : LE MICRO EST OUVERT.

Des gouttes de sueur ont soudainement perlé sur mon front. Pas sur celui de Truman. Il a lu le message, sans s'en préoccuper. « Ils ne pourront pas s'en servir. C'est trop obscène. »

Truman était un professionnel de la politique. C'est le souvenir qu'il a laissé, à juste titre. Le véritable professionnel soupèse l'avenir avec compétence et envisage avec confiance la perspective ainsi définie. C'est ce que faisait Truman. Il a senti à temps la nécessité, après le rétablissement de la paix, d'apporter une aide économique d'envergure aux États d'Europe occidentale. Cela suffirait à assurer la transition vers un redressement ordonné et démocratique, après les destructions de la guerre et le chaos de l'après-guerre. Par conséquent, une centaine de milliards de nos dollars d'aujourd'hui ont été acheminés par l'Administration de la coopération économique *(Economic Cooperation Administration)* pour financer le plan Marshall, ce qui représentait une somme énorme à une époque où la taille des populations et des économies était plus faible et où les enveloppes budgétaires étaient beaucoup plus modestes. Une telle somme offre d'ailleurs un contraste à la fois merveilleux et déconcertant avec celle qui a été offerte par un pays beaucoup plus riche pour faciliter le passage à l'après-communisme en Russie et en Europe de l'Est après 1989.

Qu'une initiative aussi déterminante n'ait pas reçu le nom de plan Truman résulte d'une extraordinaire erreur de jugement de l'histoire. Cette initiative a d'abord pris la forme d'une vague suggestion formulée par George Marshall, le secrétaire d'État, dans le cadre d'un discours de remise de diplômes où il était question de l'aide et de la bonne volonté promises à l'Europe. De là a découlé le plan Marshall. En réalité, c'était à Harry Truman qu'incombait la responsabilité de donner corps au plan et de rallier l'appui du Congrès à cette fin. C'était Truman qui aurait été blâmé si le Congrès avait refusé de voter les budgets nécessaires ou si la mise en œuvre du plan s'était traduite par autre chose qu'un succès total.

En d'autres occasions également, Truman a su évaluer les risques avant d'agir avec brio. L'exemple le plus spectaculaire en a été donné en 1951 lorsqu'il a démis de ses fonctions le général Douglas MacArthur pour insubordination et refus de mener une guerre limitée.

Dans l'esprit des gens de ma génération, MacArthur a été l'une des personnalités, civiles ou militaires, les plus illustres de l'époque. Il avait mené une campagne remarquable pendant la Première Guerre mondiale. Puis, de retour à Washington, il avait dirigé l'offensive contre l'armée Bonus *(Bonus Army),* qui rassemblait les anciens combattants et leurs familles dans leurs efforts pour obtenir des indemnités plus élevées pour le temps passé sous les drapeaux. Il a ensuite été nommé commandant aux Philippines, puis commandant de l'armée du Pacifique durant la Seconde Guerre mondiale.

Un homme moins imposant aurait souffert de l'impression négative laissée par l'affaire de l'armée

Bonus ainsi que par son incapacité à anticiper l'attaque japonaise contre les Philippines, tout à fait prévisible après Pearl Harbor, puis à la repousser : c'était là une importante démonstration d'incompétence militaire. Il s'est néanmoins maintenu en poste. Partant de Guadalcanal et remportant des succès d'île en île, il est remonté vers le nord pour finalement obtenir la capitulation japonaise, avant de passer quelques années glorieuses à Tokyo. Avec Eisenhower et Marshall, il a été l'une des trois personnalités militaires les plus célèbres de la Seconde Guerre mondiale. Après le déclenchement des hostilités en Corée, en 1950, il a brillamment réalisé l'encerclement des forces nord-coréennes grâce aux débarquements à Incheon. Il a alors pris la décision désastreuse de déclencher une poussée vers le Yalou, avant de se voir infliger un échec lamentable par les Chinois. Après son succès initial, il a conduit les forces qu'il dirigeait vers une véritable catastrophe. Piqué au vif, il a réagi en lançant un appel terrifiant en faveur d'une attaque nucléaire contre la Chine, de la mise en place d'une vague ceinture radioactive défensive sur la frontière nord de la Corée ainsi que d'une attaque contre la Chine menée à partir de Taïwan par les forces militairement inopérantes de Tchang Kaï-chek. Soupesant à la fois les risques que faisait courir au monde le maintien de MacArthur dans ses fonctions de même que la réaction que cela provoquerait aux États-Unis s'il était évincé, Truman a correctement évalué la situation. Il s'est débarrassé de MacArthur. Le pays a réagi favorablement dans son ensemble. MacArthur est revenu devant le Congrès pour défendre sa position, puis il a glissé dans l'anonymat, à son plus grand regret[2]. À l'issue d'un affrontement que la plupart des présidents auraient préféré esquiver, Truman triomphait.

Je dois dire que la mise à l'écart de Douglas MacArthur n'a pas recueilli une faveur unanime. Vers 1964, je me trouvais à Kansas City et je me suis rendu à Independence pour visiter la bibliothèque Truman. Je m'intéressais quelque peu au projet de bibliothèque commémorative pour John F. Kennedy et souhaitais voir un illustre exemple de ce genre d'établissement. J'arrive au bout d'une longue rangée de boîtes remplies de lettres, j'en prends une et je l'ouvre. Ce sont des lettres de protestation contre la mise à l'écart de MacArthur. Je remets la boîte en place, je me rends à l'autre bout de la rangée et j'en ouvre une autre : encore des lettres condamnant Truman pour avoir démis MacArthur de ses fonctions.

Truman n'était pas infaillible lorsqu'il portait des jugements de nature politique. En été 1952, il aurait dû

---

2. Le seul contact que j'aie eu avec lui remonte à 1956, lorsque, avec d'autres membres du personnel chargé de la campagne présidentielle de Adlai Stevenson, j'ai été informé du désir de MacArthur d'exprimer officiellement son appui à ce dernier, contre Eisenhower, à condition qu'une rencontre médiatisée avec Stevenson soit organisée. MacArthur détestait souverainement Ike. Nous n'avons pas jugé bon de lui répondre.

accepter les termes de l'accord de paix proposé en Corée, c'est-à-dire la division de la péninsule selon ce qui constituait alors la ligne du front et qui constitue encore aujourd'hui la frontière entre les deux Corées. Eisenhower a d'ailleurs sagement accepté ces termes l'année suivante. Très souvent, un conservateur peut, à l'instar d'un Nixon reconnaissant la Chine communiste, prendre des mesures qu'un progressiste n'osera pas adopter par crainte d'une réaction négative des conservateurs. C'est un tel souci qui a dissuadé Harry Truman dans ce cas. Tout aussi insatisfaisante a été la réaction de Truman à l'égard de la croisade menée par McCarthy et Nixon contre la présence de présumés subversifs au sein du gouvernement — le programme de loyauté à Truman. Il s'agissait d'une enquête menée sur tous les employés civils de tous les ministères dans le but de repérer ceux qui avaient des penchants ou des antécédents déloyaux. Je relate ici une autre anecdote personnelle.

Un jour de 1950, soit pendant les années Truman, je suis parti de Harvard pour me rendre à une réunion au ministère du Commerce, à Washington ; il devait être question de l'incidence des subventions agricoles et des programmes de soutien aux prix sur l'économie : initiative politiquement anodine entre toutes. En remplissant le formulaire de remboursement des dépenses de déplacement et d'indemnisation pour une journée de débat plutôt reposante, j'ai acquis, sans le savoir, le statut d'employé du ministère du Commerce à titre de consultant. J'ai donc fait l'objet d'une enquête relative à ma loyauté. Je ne l'ai d'ailleurs su que quelques mois plus tard, lorsqu'on m'a avisé de façon péremptoire que je devais justifier, sinon confesser, mes liens avec trois personnes suspectes. L'une de ces personnes m'était inconnue et une autre était un vieil ami au passé irréprochable. C'était la troisième personne qui entachait gravement mon dossier : il s'agissait de Corliss Lamont, ex-voisin à New York et ami intime de longue date. Il était très bien connu pour ses idées radicales, mais n'était associé ni de près ni de loin à aucun communiste. Je me suis d'abord enquis par écrit du motif qui était à l'origine d'une telle demande, en précisant que je ne savais pas que je fusse à l'emploi du gouvernement. Ma réponse a été interprétée comme une lettre de démission. Plus tard, j'ai exigé de prendre connaissance du dossier constitué par le FBI à mon sujet et je l'ai obtenu. J'ai alors découvert que mon non-emploi au ministère du Commerce avait suscité le déclenchement d'une enquête qui s'est poursuivie pendant de nombreuses semaines sur un territoire allant de Boston à New York, à Washington et en Californie. Des amis, comprenant parfaitement bien ma situation, ont affirmé que j'étais conservateur, et l'un d'eux est allé jusqu'à dire que j'étais réactionnaire. Lorsque, ultérieurement, j'ai été embauché dans la fonction publique, et même lorsque j'ai été nommé à un poste d'ambassadeur, on a signalé que j'avais démissionné au moment où je faisais l'objet d'une enquête.

Le programme de loyauté à Truman n'a pas été une simple aberration passagère. Il a détruit la vie de fonctionnaires compétents et dévoués. Aucun gouvernement sensé ne peut se permettre de distiller la peur et le désespoir parmi ceux qui s'acquittent des tâches difficiles et importantes qu'il leur confie. Les répercussions du programme ont été multiples.

Quelques années auparavant, un groupe remarquable de hauts responsables du Service extérieur *(Foreign Service)* — John Carter Vincent (un bon ami), John Stewart Service, John Paton Davies et O. Edmund Chubb — avaient pu observer la corruption et l'incompétence qui caractérisaient le régime de Tchang Kaï-chek en Chine et témoigner du caractère inévitable d'une victoire communiste dans ce pays. Ils en ont payé le prix en étant congédiés ou confinés dans des postes totalement marginaux. Lorsqu'il est devenu évident qu'ils avaient dit vrai, un sentiment de surprise s'est manifesté, mais pas la moindre clémence. Dans ce qui constitue l'un des exemples les plus déprimants d'affabulation politique, ils ont plutôt été tenus responsables de la perte de la Chine.

Le programme de loyauté à Truman a également eu des répercussions moins visibles et plus profondes. Témoins des contrecoups subis par certains collègues et craignant de connaître un sort semblable, de nombreux fonctionnaires ont tenté de se protéger en clamant haut et fort leur anticommunisme. Il s'en est suivi que la gestion des affaires publiques a été fondée non pas sur une juste appréciation des faits mais plutôt, de façon instinctive ou délibérée, sur le souci de se mettre à l'abri. Une telle attitude a continué à exercer son influence dans les questions de politique extérieure relatives au Vietnam, à l'ensemble de l'Indochine, au Moyen-Orient et à l'Amérique latine. Les partisans d'une politique anticommuniste militante et parfois militaire étaient considérées comme des personnes sensées, dignes de confiance et politiquement sûres. Par contre, ceux qui s'y opposaient étaient jugés dangereux et peut-être même déloyaux. Il s'agit là de l'épisode le moins reluisant des années Truman.

Depuis quelques années, la décision de Truman de recourir à l'arme nucléaire a suscité, plus que toute autre, les critiques les plus vives. Je ne puis tout à fait faire miennes ces critiques. À l'époque et dans le contexte spécifique où il se trouvait, Harry Truman ne pouvait pas agir autrement.

J'ai entendu parler de l'existence de cette arme pour la première fois en été 1945, au moment où, comme je l'ai dit ailleurs, j'étais en Allemagne pour évaluer les conséquences de la guerre aérienne qui y avait été menée. Au retour d'une réunion de hauts responsables tenue à Washington, George Ball m'a alors informé que nous venions de faire l'essai d'un dispositif nucléaire nouveau et dévastateur (en raison d'une petite erreur dans ses notions de géographie, il disait que l'essai s'était déroulé au Dakota du Nord). Observant la destruction cruelle et généralisée des villes allemandes, avec tous les corps en décomposition prisonniers des débris, j'ai espéré un bref moment que le dispositif en question ne serait peut-être pas encore opérationnel. Je n'ai jamais pensé qu'il ne serait pas utilisé s'il était prêt.

Une telle impression était conforme à l'esprit interventionniste de l'époque : des armes étaient mises au point afin d'être utilisées, et si elles devenaient opérationnelles, elles *étaient* utilisées. Le contraire eût été inconcevable. Les bombes atomiques pouvaient être infiniment cruelles, tout en se révélant inutiles, mais ç'avait été aussi le cas des bombardements contre Dresde à la fin de la guerre ainsi que des bombes, incendiaires et autres, lancées sur Tokyo, qui ont d'ailleurs causé des pertes humaines et matérielles plus élevées qu'à Hiroshima et à Nagasaki.

Nous étions prisonniers d'une logique de guerre plus forte que la raison ou que la morale. Nous savons maintenant que la question de l'utilisation des bombes a été débattue à Washington à l'initiative du ministre de la Guerre, Henry L. Stimson. La conclusion d'un tel débat était toutefois arrêtée d'avance. S'il s'était opposé à l'emploi des armes nucléaires, Truman se serait heurté à une force bien supérieure aux pouvoirs présidentiels. Il était tout aussi erroné et funeste d'utiliser les bombes atomiques contre des hommes, des femmes et des enfants innocents que d'avoir procédé aux bombardements de saturation antérieurs. Mais la guerre annihile toute pensée, toute retenue, tout sentiment humain. Elle n'a pas épargné Harry Truman.

C'est Dwight D. Eisenhower qui a succédé à Harry Truman. En apparence, le changement ne pouvait être plus marqué ; du moins, c'est ce qu'on disait à l'époque. En réalité, les deux présidents se complétaient de façon admirable. Tous deux possédaient une solide expérience politique, notamment dans l'art d'évaluer les risques et de rallier un appui pour l'action envisagée. L'habileté dont Truman a fait preuve en la matière a été suffisamment bien décrite. Bien qu'il ait donné l'impression d'être resté à l'écart du monde politique, Eisenhower avait une merveilleuse connaissance des rapports de force pas très harmonieux qui sont à l'œuvre au sein de tout haut commandement militaire, et notamment du commandement suprême des forces alliées en Europe. Il y avait appris à traiter avec des généraux fort peu dociles et, dans une certaine mesure, avec les principales personnalités politiques de l'époque. Quiconque avait établi des liens étroits avec Churchill et Roosevelt, Bernard Montgomery et George Patton, ou même George Marshall, ne pouvait manquer de maîtriser parfaitement l'art de la politique.

Avec l'élection d'Eisenhower et le passage du temps, le programme de loyauté à Truman a été graduellement délaissé. Après une ultime éruption, la croisade anticommuniste menée par Joe McCarthy s'est éteinte, tout comme Joe lui-même. La Corée a enfin connu la paix, signée selon les termes mêmes qu'avait rejetés Truman. Et, événement marquant et déjà mentionné, c'est sous la présidence de Dwight D. Eisenhower qu'a émergé un consensus réel en faveur des programmes sociaux du New Deal — sécurité sociale, assurance-chômage, habitations à loyer modique, etc.

Ainsi qu'il l'avait démontré en évoquant les risques inhérents à l'émergence d'un complexe militaro-industriel, Eisenhower pouvait aborder certaines questions avec une clarté admirable. En ce qui concernait d'autres questions, il avait le génie de celui qui sait exprimer sa position d'une façon telle que personne ne peut être certain de l'avoir bien comprise. Milton Eisenhower, frère du président et ami, m'a déjà dit que l'imprécision avec laquelle Ike s'exprimait parfois résultait de sa volonté de conserver un éventail d'options à sa disposition ou de jeter la confusion parmi ses opposants. Il se rappelait une réunion tenue au Bureau ovale à propos d'une décision plutôt délicate et susceptible d'être particulièrement impopulaire. Évoquant la réaction négative attendue, Ike avait dit : « Ne vous inquiétez pas. Après ma rencontre avec la presse, personne n'aura la moindre idée de ce nous voulons faire. »

Dwight D. Eisenhower était, à maints égards, l'homme tout indiqué pour son temps, c'est-à-dire un républicain qui a conféré un caractère permanent au New Deal et à l'État-providence naissant. Je ne le considérais pourtant pas ainsi à l'époque. Compte tenu des talents et du temps dont je disposais, j'ai déployé davantage d'efforts contre lui au fil des ans que contre tout autre dirigeant politique, à l'exception de Richard Nixon. La plupart de ces efforts ont bénéficié à Adlai Ewing Stevenson, dont je vais maintenant parler. Il a été l'une des personnalités politiques les plus intéressantes de la deuxième moitié du XXe siècle. Il faudrait toutefois examiner plus attentivement la cause de son principal revers de fortune : il a eu le malheur d'affronter par deux fois un des hommes politiques les plus avisés de l'époque, un conservateur qui a accepté, consolidé et mené à bien la politique progressiste de Franklin D. Roosevelt et de Harry Truman.

7

Adlai Stevenson

Encore aujourd'hui, Adlai Stevenson, deux fois candidat à l'élection présidentielle, deux fois battu à plate couture, fait l'objet de débats passionnés au sein de la vieille garde des milieux politiques américains. Aucun homme politique de l'ère moderne, pas même Roosevelt ni Kennedy, n'a pu compter sur un plus fidèle groupe de partisans. Il ne faut pas croire que ceux-ci ne faisaient qu'appuyer Stevenson : ils l'adoraient. Lorsque Eisenhower l'a défait en 1952, il n'y avait aucun doute dans l'esprit des membres de son entourage qu'il se présenterait de nouveau en 1956. Ses plus chauds partisans ont même continué d'appuyer sa candidature quatre ans plus tard, sans égard aux deux échecs précédents.

Parmi tous les hommes politiques que j'ai connus, Adlai Stevenson possédait la personnalité la plus attachante. Il accueillait son interlocuteur avec chaleur et montrait qu'il était vraiment heureux de le voir. La conversation s'engageait facilement, car il donnait toujours l'impression de chercher à faire appel au savoir et à l'intelligence de son vis-à-vis. Il se préoccupait manifestement des questions à caractère tant local que mondial, à propos desquelles il laissait croire à son interlocuteur que ses propos étaient tout à fait justes. Il faisait preuve d'un sens de l'humour à la fois discret et très direct. Adlai aimait bien parler de ses lectures et se montrait particulièrement enthousiaste à l'égard des livres qu'il s'apprêtait à lire. Tous ceux qui rendaient visitc à Adlai Stevenson ou qui l'écoutaient parler dans les réunions entre intimes en éprouvaient beaucoup de plaisir et se privaient rarement de le souligner à ceux qui n'avaient pas cette chance.

Malheureusement, il n'a pas suscité la même réaction chaleureuse au sein de l'électorat dans son ensemble. Comme je l'ai déjà dit, Harry Truman était issu du peuple, tandis que Adlai Stevenson se tenait à l'écart et même au-dessus de celui-ci. Cela correspond d'ailleurs largement à l'image qu'il se faisait de lui-même. Il jetait un regard plutôt désapprobateur sur des hommes politiques comme Truman et, plus tard, les Kennedy qui, dans leur attitude, leur discours et leur programme, s'efforçaient de s'identifier aux masses et d'être acceptés par elles. Il n'en avait cure. Il était un leader, et un leader s'affranchit des aléas de la scène politique. Il avait fait la preuve, dans le bourbier qu'était alors le monde politique en Illinois, qu'il pouvait agir ainsi et se faire élire quand même. Être redevable d'une partie de son succès à la machine électorale de Chicago qui l'avait choisi ne revêtait pas une grande importance à ses yeux. Il était convaincu que le pays tout entier méritait et désirait un leader éclairé. Il exerçait sans aucun doute un attrait très puissant sur une élite privilégiée, mais, hélas, pas sur l'électorat dans son ensemble.

Il n'était pas non plus disposé à faire des concessions sur les questions fondamentales dans le but d'accroître sa popularité. Il a passé la plus grande partie de sa vie à Libertyville, en Illinois, en banlieue de Chicago, entouré de voisins fortunés. Ceux-ci l'estimaient beaucoup et il leur rendait la pareille, jusqu'à un certain point. En conséquence, c'est avec hésitation, parfois même avec réticence, qu'il a accepté l'héritage économique et social du New Deal et de l'État-providence. En tant que gouverneur, il avait offert un contraste fort bienvenu avec les politiciens sordides et complètement corrompus de Chicago, et c'est précisément sur cela, et non sur une adhésion enthousiaste au New Deal, qu'il s'appuyait pour promouvoir sa candidature à la présidence. Bien que notoires, ses idées modérées n'entamaient pas le respect et l'affection que lui portaient les militants progressistes.

La manifestation la plus claire de l'indifférence de Stevenson, ou du moins de son désir de paraître indifférent à l'égard de l'exercice de pouvoir, était sa réticence bien connue à se lancer dans la course à la présidence. Pendant les quelques mois qui ont précédé son investiture en 1952, il a constamment affiché ses hésitations. Il les a aussi exprimées sans aucune retenue devant la presse et la population, ainsi qu'au président Harry Truman lorsque celui-ci, qui a ensuite regretté son geste, l'a exhorté à se porter candidat. Éviter toute manifestation d'ambition personnelle, n'est-ce pas la meilleure preuve du respect qu'on accorde à la fonction présidentielle ? N'est-ce pas la fonction elle-même qui devrait susciter le candidat idéal ? J'ai toujours pensé, comme d'autres, que Stevenson s'était donné beaucoup de mal pour nous persuader de la justesse d'une telle conception de la présidence.

En plus de rejeter les us et coutumes des politiciens traditionnels, Adlai Stevenson exploitait pleinement ce qui le distinguait. On a souvent répété quelques-unes de ses paroles fort stimulantes pour bien des gens : « Je tiens à m'adresser au bon sens du peuple américain. » Faisant appel à l'intelligence des Américains, il soutenait qu'il fallait les informer et non les convaincre, et qu'il fallait absolument s'abstenir de toute rhétorique vide de sens. Bien informés des questions importantes, les Américains écouteraient attentivement, tireraient les conclusions appropriées et voteraient pour lui. De nouveau, l'entourage de Stevenson n'a pas réagi de la même manière que le public dans son ensemble. Ledit entourage se réjouissait de présenter à l'électorat une information pertinente et précise en vue de l'accomplissement d'une action politique appropriée, sans aucun recours à la rhétorique politique habituelle. La rhétorique plaît à un auditoire plus large et moins porté vers la réflexion.

Tout cela a déterminé la forme et la teneur des campagnes de Stevenson, auxquelles j'ai été étroitement associé, davantage même que pour tout autre candidat, y compris John F. Kennedy. Je ne me suis aperçu que peu à peu (et avec réticence) de la faille que présentait notre stratégie.

Après la campagne de 1952, les discours, très admirés, prononcés par Stevenson ont été réunis et publiés sous forme de livre. Stevenson m'en a envoyé un exemplaire. Mon apport y était tangible, et j'ai rangé le livre dans ma bibliothèque à côté de mes propres écrits. Examinant ma contribution à cet ouvrage quelques années plus tard, je me suis rendu compte du problème fondamental : j'avais rédigé ses discours dans l'espoir de satisfaire le candidat, les responsables de sa campagne électorale et moi-même, mais non un public plus large ni l'ensemble des électeurs. Les autres rédacteurs de ses discours avaient fait comme moi.

En juillet 1952, j'étais en Californie pour participer à une conférence portant sur le développement rural. Ce genre de conférences correspond à un véritable mode de vie dans les milieux universitaires. Un disciple de Veblin a déjà qualifié ces conférences de « loisirs des théoriciens ». Je me sentais donc à distance confortable du Congrès à l'investiture démocrate, qui avait lieu à Chicago cette année-là. Je me consacrais à ma carrière universitaire et n'avais rien fait pour être nommé délégué. Mon attachement au travail intellectuel a toutefois été sérieusement entamé lorsque j'ai reçu deux appels téléphoniques, provenant respectivement d'Arthur Schlesinger fils et de George Ball, destinés tous deux à occuper une place de choix dans la vie publique américaine. Chacun ignorait que l'autre m'avait appelé. Chacun m'a informé que l'investiture de Stevenson était désormais assurée et m'a prié de me rendre immédiatement à Springfield, en Illinois, pour me joindre à l'équipe de rédacteurs des discours du candidat. Je n'avais pas encore fait la connaissance de Stevenson, mais j'avais observé le déroulement de sa carrière politique avec intérêt et plaisir.

Parti de Californie en train, je suis descendu dans une petite gare du nord de l'Illinois, j'ai pris un autobus pour Springfield — on menait alors les campagnes en rognant sur les dépenses — et je me suis rendu à mon hôtel. C'est là que Schlesinger m'a intimé, à mon grand chagrin, de rester dans ma chambre jusqu'à nouvel ordre. J'ai commencé la campagne pour Stevenson par une assignation à résidence.

À l'occasion d'une conférence de presse tenue la veille, les journalistes, notant la présence de Schlesinger et d'autres personnalités venues lui apporter leur soutien, avaient demandé à Stevenson si ces derniers « prenaient le contrôle de sa campagne ». Et pourquoi, question très délicate, un homme ayant un tel talent d'orateur avait-il besoin de s'entourer de rédacteurs de discours ? Ne pouvait-il les rédiger lui-même ? Stevenson en avait été vivement contrarié et il avait décidé de ne plus embaucher de personnel pour sa campagne. J'étais visé au premier chef par sa décision.

En soirée, on m'a rendu ma liberté. On avait persuadé le candidat, non sans difficulté, que, compte tenu des contraintes de temps et de disponibilité, il aurait effectivement besoin d'aide pour la rédaction de certains textes. Pour le public, nous serions tout simplement des chercheurs : personne ne pouvait sérieusement nier la nécessité de faire de la recherche. J'ai été convié à une réception en plein air, et c'est là que j'ai rencontré Adlai Stevenson pour la première fois.

Comme tant d'autres avant moi, j'ai tout de suite été impressionné par sa personne. Mince, bel homme sinon élégant, il a tout de suite fait en sorte que je me sente à l'aise en sa compagnie. Comme je l'ai dit précédemment, on savait tout de suite ce qu'il pensait, et cela est resté ainsi au cours des treize années qu'a duré notre amitié.

Pendant la campagne, j'ai rédigé les discours de Stevenson axés sur les questions économiques et, à titre de spécialiste en économie rurale, sur l'agriculture, qui représentait alors un secteur très important. Même s'il était gouverneur d'un des principaux États agricoles, Stevenson, comme la plupart des élus d'origine urbaine, ne connaissait malheureusement pas grand-chose à ces questions. Il m'est arrivé d'utiliser l'avion du candidat pour mes déplacements et, après la reprise au début du semestre d'automne, j'ai continué à faire la navette entre Harvard et Springfield.

Quelques semaines plus tard, j'ai éprouvé un fugitif sentiment de succès. Catherine Galbraith me conduisait à l'aéroport Logan de Boston, où je devais prendre l'avion pour aller retrouver Stevenson en Illinois dans le but de régler une question apparemment urgente. Nous nous sommes alors heurtés à un embouteillage à l'entrée du tunnel Sumner. La circulation était complètement paralysée et ne bénéficiait en rien du tumulte infernal que causaient les klaxons. Je suis sorti de la voiture pour décrire ma situation à un policier : j'étais un élément vital pour Stevenson et le Parti démocrate et je ne devais absolument pas manquer mon avion. À ma grande surprise, il a pris la situation en mains avec autorité et, fort habilement, est parvenu à me frayer un chemin dans le tunnel. Il m'a salué fièrement lorsque nous sommes passés et j'ai pu prendre mon avion. J'en ai tiré la conclusion que nous avions acquis la sympathie du large électorat que Roosevelt et Truman avaient si vaillamment conquis. Hélas, il n'en était rien.

Une importante difficulté s'est imposée à nos yeux dès les premiers jours de la campagne de Stevenson. Nous sentions toujours battre le pouls du New Deal, mais pas Adlai. Son désir d'étendre et d'améliorer la Sécurité sociale, c'est-à-dire la plus remarquable des innovations rooseveltiennes, et l'État-providence en général avait manifestement été mis en veilleuse. Le mouvement ouvrier, dont la puissance avait atteint son apogée, souhaitait l'abrogation de la Loi Taft-Hartley, adoptée en 1947 par un Congrès à majorité républicaine en dépit du veto opposé par le président Truman. Cette loi interdisait les grèves résultant de conflits de compétence entre syndicats, les boycottages secondaires et l'extension obligatoire de la syndicalisation à l'ensemble d'un atelier, et imposait diverses autres contraintes aux syndicats. L'abrogation de cette loi figurait en tête de l'évangile du Parti démocrate, mais Stevenson y était vivement opposé. Après des heures de discussion, il s'est contenté d'affirmer que cette loi devrait être remplacée par une autre, mais sans jamais préciser laquelle. Il a même évoqué la possibilité de se passer, s'il le fallait, de l'appui officiel des syndicats. C'est à moi et surtout à Willard Wirtz, l'un de nos partisans étroitement liés aux syndicats, qu'a incombé la tâche de le persuader que le ralliement des syndicats à sa cause était non seulement souhaitable, mais absolument essentiel.

Il y avait également un problème d'ordre économique plus général. Durant ses études universitaires à Princeton, Stevenson avait côtoyé quelques-uns des défenseurs les plus acharnés des thèses économiques classiques des XVIIIe et XIXe siècles. John Maynard Keynes et le New Deal faisaient maintenant partie de l'orthodoxie progressiste, selon laquelle une dépression économique, que beaucoup craignaient, pouvait être enrayée par le recours à un déficit budgétaire destiné à favoriser une création massive d'emplois. Stevenson était consterné de voir qu'on pouvait s'attaquer si étourdiment à la pensée économique classique. J'ai de nouveau plaidé la cause du changement. Il fallait empêcher tout retour aux principes discrédités du passé. Nous devions nous préparer à une autre dépression et proposer une politique qui permettrait de l'atténuer. Je me rappelle sans plaisir les trésors d'éloquence que j'ai dû déployer. Après la défaite de 1952, nous nous sommes employés, comme je le décrirai en détail un peu plus loin, à initier Stevenson aux principes économiques du XXe siècle tels que nous les concevions. Pendant sa première campagne, Stevenson était resté accroché au passé.

La scène internationale était dominée à cette époque par la question pressante que constituait la guerre de Corée, sur laquelle la pensée libérale traditionnelle a eu une incidence tout à fait négative. Si elle n'avait pas été éclipsée par l'impact encore plus profond causé par la guerre du Vietnam, la phase ultime de la guerre de Corée serait aujourd'hui considérée comme le conflit le plus impopulaire de l'histoire militaire américaine. En 1952, après la mise à l'écart de MacArthur, la guerre de Corée s'était figée dans une impasse le long de ce qui allait devenir la frontière plus ou moins définitive entre la Corée-du-Nord et la Corée-du-Sud. Pendant la campagne présidentielle, Eisenhower avait promis que, s'il était élu, il se rendrait lui-même en Corée pour obtenir un règlement du conflit. En tant que héros de guerre, il pouvait se permettre de faire une telle promesse sans qu'on l'accuse de capituler devant l'ennemi. Stevenson avait répondu à Eisenhower en reprenant à son compte la doctrine du jour : le général devrait plutôt se rendre à Moscou, car c'était là que se prenaient les décisions dans le monde communiste, et par conséquent toute décision concernant cette guerre. La promesse faite par Ike a probablement joué un rôle déterminant dans son élection à la présidence.

L'avantage dont disposent les conservateurs dans ce genre de situation constitue un autre facteur à prendre en compte ici. Ils jouissent d'une grande latitude pour agir, que n'ont pas les progressistes. Plus tard, au moment du retrait (plutôt lent) imposé par la défaite subie au Vietnam et de la reconnaissance de la Chine communiste, les conservateurs, à l'abri de tout soupçon et de toute accusation de mollesse à l'égard du communisme, ont pris des mesures que les progressistes ne se seraient pas permises.

Telle était la situation de Stevenson en 1952. Attaqué par Joe McCarthy, qui prenait toujours soin de l'appeler « Alger Stevenson » pour rappeler l'appui assez mitigé qu'il avait donné à Alger Hiss, Adlai n'a eu d'autre recours que d'apporter un soutien timide à la guerre de Corée. C'est là, je le répète, que résidait la force d'Eisenhower contre Stevenson, et c'est là qu'elle se situerait à nouveau en 1956. Bénis soient les artisans de la paix ; ce sont eux qui récoltent les votes.

Dans le monde politique américain, les perdants aux élections, et particulièrement aux élections présidentielles, disparaissent de l'avant-scène — pensons à Michael Dukakis, à Walter Mondale, à George Bush et même, dans une certaine mesure, à Jimmy Carter.

Adlai Stevenson a connu un destin unique à cet égard. Après la défaite de 1952 et l'élégant discours qu'il a prononcé après l'annonce officielle des résultats, dans lequel il a paraphrasé Lincoln : « [Je suis] trop vieux pour pleurer, mais trop déçu pour rire », ses partisans avaient déjà commencé à préparer la prochaine élection présidentielle. Nous tenions pour acquis que notre respect et notre attachement pour lui finiraient par s'étendre à un électorat plus large. La conviction, comme c'est souvent le cas, était commodément dissociée de la raison.

Nous reconnaissions toutefois qu'il restait beaucoup de travail à accomplir. Il importait que Stevenson renonce définitivement aux principes hérités de sa formation en matière économique et au conservatisme modéré et bon genre de ses voisins de Libertyville. Il en est résulté l'un des plus agréables exercices qui fût en politique contemporaine, et certainement le plus remarquable de tous ceux auxquels j'aie participé. C'est ainsi qu'a été mis au point un stage d'enseignement dirigé qui devait permettre à Adlai d'assimiler les bases de la pensée progressiste contemporaine et, à nos yeux, politiquement rentable.

Le groupe Finletter, ainsi nommé en l'honneur de Thomas K. Finletter, avocat new-yorkais et ex-ministre de l'Aviation, hôte et président du groupe ainsi que donateur des modestes fonds nécessaires à la réalisation de notre projet, se composait d'une dizaine d'universitaires et d'hommes politiques ayant une formation universitaire, que j'avais presque tous recrutés moi-même, puisque cette tâche m'avait été confiée. Nous nous réunissions avec Stevenson (et souvent sans lui) dans l'appartement de Finletter à Manhattan. Lorsque Stevenson était là, nous l'informions de l'évolution de la pensée économique et sociale contemporaine et de l'action politique qui en découlait. Lorsqu'il était absent, nous mettions au point des documents et en faisions ressortir toute la pertinence avant de les lui transmettre pour qu'il les étudie. Comme je l'ai dit, Stevenson inspirait une grande sympathie aux intellectuels en raison de son enthousiasme pour les livres qu'il s'apprêtait à lire, et il en allait ainsi des documents que nous lui faisions parvenir. Toutefois, il ne pouvait s'en tirer aussi facilement lorsqu'il assistait à nos réunions. En une occasion mémorable, Paul Samuelson, de l'Institut de technologie du Massachusetts, qui était l'économiste le plus respecté de l'époque et qui, avec Alvin Hansen, de Harvard, avait initié John Maynard Keynes aux sciences économiques américaines, avait donné à Stevenson un cours complet, comme il l'aurait fait à l'intention de tout étudiant curieux d'apprendre. Il a passé en revue et mis en relief les concepts fondamentaux de la pensée économique moderne. Stevenson semblait impressionné. Nous-mêmes, dans un élan d'optimisme, l'étions tout autant.

Notre confiance a été légèrement ébranlée durant les mois ayant précédé le Congrès à l'investiture démocrate de 1956. Estes Kefauver, sénateur du Tennessee et progressiste populiste convaincu, parfois un peu trop porté sur l'alcool, avait décidé de se présenter contre Stevenson. Il a d'abord balayé une élection primaire hâtive au Minnesota. Adlai a été contraint d'abandonner le rôle du sauveur malgré lui et de mener une campagne vigoureuse pour obtenir l'investiture du Parti démocrate, notamment en Californie. À l'ouverture du Congrès, l'investiture lui était acquise pour la seconde fois. Par ailleurs, le scrutin libre qui avait été organisé pour désigner le candidat à la vice-présidence, et qui représentait une concession remarquable en faveur des pratiques démocratiques, s'est terminé par une victoire très serrée de Kefauver aux dépens de John F. Kennedy.

Cette fois-là, le quartier général de la campagne électorale avait été établi à Washington. Je me suis joint au personnel de Stevenson et j'ai continué à faire la navette entre Washington et Harvard pour y donner mes cours. Ma tâche consistait encore une fois à rédiger les discours traitant d'économie et d'agriculture, mais aussi ceux qui s'attaquaient à Richard Nixon en tant que vice-président en poste et candidat à la vice-présidence. J'ai accepté cette dernière tâche en réponse à la demande que Stevenson m'avait adressée d'une façon qui m'avait beaucoup plu : « Ken, je veux que tu rédiges les discours contre Nixon, car tu n'es pas le genre à t'embarrasser d'objectivité. » Le plus notable des attaques contre Nixon a été formulée le 27 octobre 1952, devant une foule nombreuse rassemblée au stade Gilmore à Los Angeles :

« Notre pays se trouve maintenant à la croisée des chemins. D'un côté se trouve un monde où règnent la calomnie et la peur, les insinuations malveillantes et les plumes empoisonnées, les coups de téléphone anonymes et les manœuvres d'intimidation, où tous les moyens sont bons pour gagner.

« Voilà le monde de Nixon. L'Amérique n'en fait pas partie. »

Je relis cela quelque quarante ans plus tard et je dois me ranger derrière le jugement initial de Stevenson. Prenant connaissance du texte juste avant de le lire devant la foule, Stevenson a réagi ainsi : « C'est le genre de discours qui ne peut que nous faire perdre des votes. » Puis, comme il était trop tard pour apporter des changements, il s'est contenté d'avancer un commentaire : « J'imagine que la meilleure chose à faire, c'est encore de dire la vérité. » À en juger par la seule réaction de la foule, le discours a été un succès. Mais je suis presque certain qu'il ne nous a pas apporté de votes, car l'auditoire nous était déjà acquis. Voilà à quoi ressemblait, ainsi que nous allions nous en apercevoir, le camp des perdants.

Dwight D. Eisenhower était toujours vu dans le pays comme celui qui offrait le meilleur espoir pour le maintien de la paix, tout comme quatre ans auparavant. Il est vrai que John Foster Dulles, son secrétaire d'État, ne suscitait pas du tout le même enthousiasme. Sa violente rhétorique anticommuniste, son réseau d'alliances défensives, sa militarisation du tiers-monde étaient détestables à tous égards. Mais, dans ce cas-là aussi, il ne revenait pas aux progressistes, malgré toutes les critiques formulées en privé, de mener l'offensive. Ainsi, en dépit de Dulles, Ike était considéré comme un héraut de la paix.

À un certain moment de la campagne de 1956, je me suis attardé sur les lieux où Stevenson venait de prononcer un important discours sur l'agriculture, en Iowa, à l'occasion d'un concours de labour exempt de tout caractère partisan. Je l'avais rédigé et j'étais curieux de connaître les réactions qu'il susciterait; nous estimions que la politique agricole du gouvernement Eisenhower avait été assez déficiente. Quatre ans après la fin de la guerre, la plupart des personnes que j'ai interrogées s'entendaient pour dire que Ike avait réussi à nous dépêtrer du bourbier coréen. Aux yeux d'un auditoire d'agriculteurs venus écouter un discours sur l'agriculture au cœur d'une région agricole, même ces questions étaient moins importantes que la fin des hostilités en Corée.

En 1952, après vingt ans de présidence démocrate, nous tenions pour acquis que nous allions gagner. Après la défaite, j'ai connu une phase dépressive. À la fin de la campagne électorale de 1956, nous étions moins sûrs de notre victoire. Dans les derniers jours, j'ai été victime de sérieux troubles intestinaux et, le soir de l'élection, j'étais alité dans un hôpital de Boston. Je n'ai pas allumé la radio pour prendre connaissance des résultats.

Adlai avait connu un regain d'enthousiasme à la fin de la campagne, ce qui illustre très bien un phénomène récurrent dans la vie politique. Rien n'est plus efficace que la logistique d'une campagne électorale pour empêcher un candidat perdant de prendre conscience du sort qui l'attend. Il est entouré d'un personnel admiratif et de conseillers particulièrement éloquents. Tout le monde fait preuve d'un optimisme inébranlable. Quel membre de l'entourage s'aviserait de transmettre de mauvaises nouvelles, même dans l'éventualité improbable où il accepterait d'en prendre connaissance ? Le candidat fait son entrée en ville au milieu de foules enthousiastes qui l'acclament au son de la fanfare locale. Qui pourrait être assailli de doutes devant une telle manifestation d'appui populaire ?

Il y a autre chose. Qui, dans de telles occasions, peut ne pas éprouver les plaisirs que procure la vie politique ? Il est certes préférable de gagner, mais même une campagne qui se termine par une défaite constitue une expérience exaltante et infiniment plus agréable que de ne pas se porter candidat.

Après la défaite de 1956, Adlai Stevenson s'est retiré de la vie politique. Il s'est joint à un cabinet d'avocats new-yorkais et a fait appel à mes services en une occasion — à propos d'une poursuite intentée en vertu de la loi antitrust, si je me souviens bien. Je l'ai aussi rencontré dans des réunions mondaines, mais de moins en moins fréquemment, car je donnais à John F. Kennedy un appui sans cesse croissant au fil des ans. Un groupe de partisans, où les femmes n'étaient pas rares, est demeuré fidèle à Stevenson avec la conviction, comme je l'ai indiqué précédemment, qu'il devait se porter candidat une troisième fois. L'affection et l'attachement paralysaient leur jugement politique. Certains sont même allés jusqu'à me qualifier de vil lâcheur.

En vue du Congrès à l'investiture démocrate de 1960, qui s'est achevé par la nomination de John F. Kennedy, un modeste groupe d'appui à Stevenson a été mis sur pied sous la direction de George Ball, véritable pilier en matière de soutien et de conseils pendant les campagnes antérieures de Stevenson. Si jamais le processus d'investiture aboutissait à une impasse, Stevenson avait peut-être une chance de rallier la majorité des suffrages. Adlai lui-même n'a pas déployé beaucoup d'efforts en ce sens. Il a d'ailleurs prononcé à cette occasion un discours extraordinairement banal, qui évoquait surtout les foules agglutinées autour des quelques quartiers généraux de candidats qu'abritait l'hôtel Biltmore. Néanmoins, la personnalité et le pouvoir d'attraction de Stevenson demeuraient intacts, et il a toujours conservé son cercle d'amis et d'admirateurs dévoués, ce qui a joué un rôle déterminant dans ses relations avec John F. Kennedy.

Face aux questions de son temps, Adlai Stevenson faisait preuve de la plus grande aisance lorsqu'il abordait la politique extérieure. Ceux d'entre nous qui rédigeaient les discours traitant de politique intérieure jouissaient d'une latitude inconnue des rédacteurs spécialisés en politique extérieure. C'est pourquoi Stevenson semblait être la personne tout indiquée pour devenir secrétaire d'État sous la présidence de Kennedy. Nous en étions tous convaincus. Mais pas J. F. K.

Nous ne nous étions pas vraiment aperçus que Kennedy et Stevenson ne s'entendaient pas très bien. Il y avait là un conflit de personnalités plutôt larvé. Mais surtout, Kennedy estimait que, si Adlai était nommé secrétaire d'État, celui-ci continuerait d'évoluer dans son propre univers, c'est-à-dire au sein de l'aréopage bien identifié à Stevenson. Mieux valait quelqu'un de moindre envergure qui serait entièrement dévoué à Kennedy ; c'est du moins ce qui était souhaité. Il ne faut pas oublier non plus une autre vérité bien connue en politique : on a toujours une meilleure opinion des personnes qu'on ne connaît pas, car on entend parler davantage de leurs qualités que de leurs défauts. C'est ainsi que Kennedy a fait appel à Dean Rusk, homme fidèle à l'esprit de la guerre froide, partisan résolu des alliances militaires avec les pays du tiers-monde et ensuite, hélas, de la guerre contre le Vietnam.

Quoi qu'il en soit, le gouvernement Kennedy ne pouvait négliger outre mesure Stevenson et son cénacle. La solution a consisté à faire entrer au gouvernement le titulaire du poste d'ambassadeur auprès des Nations unies et à offrir ce poste à Adlai. Il l'a accepté, mais sans grand plaisir. Quelques jours plus tard, il a dû se résoudre à présenter une défense manifestement douteuse du débarquement à la baie des Cochons, dont le caractère aventureux s'est révélé en quelques heures à peine. À la fin de la crise des missiles, en 1962, il a été brutalement attaqué pour avoir proposé, si les Soviétiques retiraient leurs missiles de Cuba, d'enlever ceux que nous avions installés en Turquie à la frontière soviétique. On a considéré cette proposition comme la tentative d'apaisement la plus maladroite qui fût : le Munich d'Adlai, a-t-on dit. On a su plus tard que cette proposition était un élément clé de l'accord que Kennedy avait conclu avec les Soviétiques et qu'il avait jugé politiquement plus sage de ne pas divulguer au même moment.

À New York, Stevenson avait encore des amis fidèles et empressés. Sa vie sociale, tout comme son tour de taille, prenait beaucoup d'ampleur. Il a survécu un peu moins de deux ans à Kennedy et est décédé subitement dans une rue de Londres. Deux jours plus tard, la cathédrale de Washington a été le théâtre d'une cérémonie où on lui a rendu les derniers hommages ; jamais n'y a-t-on vu plus vive manifestation de chagrin. En politique, nombreux sont ceux que l'on respecte et plus nombreux encore sont ceux que l'on ménage. Moins nombreux sont ceux qui inspirent une telle affection.

8

John F. Kennedy

J'ai déjà suffisamment évoqué le fait que, si elle avait attiré vers lui un cercle de partisans dévoués, la personnalité politique d'Adlai Stevenson n'avait pas rallié l'appui du pays, ni même celui de tous les démocrates. Personne ne l'avait mieux compris que John F. Kennedy. Il était lui aussi issu d'un milieu très privilégié : un père beaucoup plus riche que ne l'a jamais été la famille de Stevenson, un enseignement reçu dans un collège privé, des études à l'Université Harvard, une vie matérielle ostensiblement très aisée. Ce n'était pas là le destin habituel d'un homme du peuple, et Kennedy en était profondément conscient.

Néanmoins, certains facteurs sont venus se superposer à cette situation avantageuse et ont contribué au succès politique de Kennedy. Il était jeune et beau, son épouse était jolie et particulièrement intelligente, il était un héros de guerre. Ce qui importait davantage, toutefois, c'est qu'il avait baigné dans le milieu difficile de la culture politique irlandaise du Massachusetts et que, lorsqu'il s'est présenté à l'élection présidentielle, il avait déjà acquis une solide connaissance des factions à l'œuvre à la Chambre des représentants et du Sénat des États-Unis. Il les observait avec détachement et humour, et n'a pas manqué d'exprimer en privé son mépris à leur égard à plus d'une reprise. Il maîtrisait également toutes les subtilités des questions fondamentales que devait affronter un candidat à l'élection présidentielle. Au fil des ans, il avait appris, mieux que Stevenson, à repérer ceux vers qui il pouvait se tourner lorsqu'il avait besoin de renseignements ou de conseils éclairés. En termes plus directs, il pigeait vite, et même très vite.

Kennedy savait aussi s'identifier à son auditoire et à l'électorat dans son ensemble. Vers la fin de la campagne présidentielle de 1960, il a pris la parole devant une foule nombreuse rassemblée au vieux Garden de Boston. J'étais présent à titre de membre de son personnel de campagne. Pendant son discours, Kennedy s'est demandé à voix haute, comme s'il venait d'y penser, pourquoi il était candidat à l'élection présidentielle. Il a répondu à sa propre question en énumérant plusieurs sujets, au cœur des préoccupations de son auditoire, auxquels il fallait consacrer une attention sérieuse et en concluant que la présidence des États-Unis constituait un job bien payé où il n'aurait pas à soulever de charges trop lourdes. Composée principalement d'ouvriers, la foule a réagi en lui exprimant son appréciation, son affection et sa joie. Il était l'un des leurs.

Un autre facteur explique la force politique de Kennedy : il était foncièrement fidèle à lui-même et était en cela à nul autre pareil. Il était tout à fait conscient de cela. Peu après le Congrès d'investiture démocrate de 1960, Arthur Schlesinger fils et moi nous sommes rendus à Cape Cod pour discuter de la campagne électorale qui allait débuter. Il était clair que la tâche serait ardue. Abordant cette question, Kennedy a alors souligné qu'il disposait d'un important avantage sur son adversaire : « Nixon se bute toujours au problème de savoir qui il est. Moi, je sais qui je suis. »

Les pages qui suivent portent, à l'exception du problème incontournable de la guerre du Vietnam, sur la personne et l'homme public qu'a été Kennedy, et non sur les questions économiques et politiques qui ont dominé son époque, au sujet desquelles on a beaucoup écrit, y compris l'auteur de ces lignes.

Tous les élus subordonnent un certain nombre de convictions aux contingences de la vie politique. L'erreur courante consiste alors à laisser les inévitables concessions se métamorphoser en autant de convictions nouvelles. Ce qui est avantageux sur le plan stratégique se transforme en vérité révélée.

Ce n'était pas le cas de Kennedy. Il a fait des concessions, mais il a conservé ses convictions profondes. Il se plaisait souvent à les exprimer devant ses amis proches, quitte à provoquer parfois leur étonnement, voire leur désarroi. C'est avec la même franchise qu'il parlait de ses croyances religieuses.

Les non-catholiques tiennent souvent pour acquis que l'Église et sa hiérarchie sollicitent une loyauté indéfectible : c'est ce qui caractériserait un bon catholique. Kennedy était plus sélectif. Les membres de sa famille et lui-même ont toujours manifesté un appui et une affection sans faille au cardinal Richard Cushing, de Boston. Par contre, ils n'étaient certainement pas dans les meilleurs termes avec le cardinal Francis Joseph Spellman, de New York, conservateur notoire. Ils acceptaient sans rechigner, comme de bons catholiques mais aussi par nécessité politique, sa réprobation à leur égard.

Le cardinal Cushing a profité de la cérémonie d'inauguration de la présidence de Kennedy pour prononcer une très longue prière devant la foule nombreuse. Quelques jours plus tard, je me suis rendu à la Maison-Blanche en compagnie du nouveau président — ce n'était plus Jack (son surnom), mais bien le président. Il embrassait de la vue le domaine — je reprends son terme — qu'il venait d'acquérir. Il m'a demandé ce que j'avais pensé du « discours que le cardinal avait adressé à Dieu ». J'ai répondu de façon plutôt neutre. J'avais hérité de la foi professée par les baptistes covenantaires (fondamentalistes), qui se caractérisait alors par de vifs préjugés anticatholiques. Mon père, champion de l'action politique — j'y reviendrai plus loin — qui ne faisait pas mystère de son engagement en ce sens, m'avait enseigné à garder pour moi ce qui se disait à l'église. Kennedy était plus souple. « Je savais que ce serait long, m'a-t-il dit, mais, à mi-chemin de la cérémonie, je me suis réconforté à la pensée qu'un Kennedy était le premier catholique à accéder à la présidence des États-Unis et que le cardinal Spellman devait se contenter de regarder le tout devant son téléviseur. »

Je me souviens également d'une réunion préparatoire tenue à la Maison-Blanche en vue d'une des premières conférences de presse du président Kennedy. Comme c'était toujours le cas à cette époque, la politique extérieure prenait le pas sur tout autre sujet. Le département d'État avait envoyé les réponses qu'il recommandait de donner aux questions qui seraient probablement posées. Après en avoir pris connaissance, Kennedy a réagi avec colère : « J'aurais aimé avoir de vraies réponses, a-t-il dit, car je n'ai pas besoin de conseils pour savoir comment esquiver les questions. »

S'il était prêt à louvoyer lorsqu'il le fallait, il préférait la vérité. Je me rappelle particulièrement une conversation que nous avons eue après la crise des missiles à Cuba, au cours d'un bref séjour que j'ai effectué à Washington avant de regagner l'Inde. Nous étions allés au théâtre ensemble et nous nous étions réfugiés dans les coulisses à l'entracte pour échapper à la cohue des admirateurs et des chasseurs d'autographes présidentiels : « Monsieur le président, je n'ai pas voté pour vous, mais je suis tout à fait d'accord avec la position que vous défendez sur plusieurs questions. »

Nous parlions de la crise qui s'achevait et de ceux

— les généraux et les faucons de la guerre froide — qui préconisaient le bombardement des sites de missiles et autres types d'intervention, acceptant de courir ainsi le risque de déclencher une guerre nucléaire. « Vous ne croiriez jamais la quantité de conseils dangereux que j'ai reçus à ce moment-là », m'a-t-il dit. Il devait faire preuve de la même franchise en parlant des conseils que des politiques, des militaires et son entourage lui ont ultérieurement prodigués à propos du Vietnam.

Un autre exemple de la sincérité avec laquelle il s'exprimait m'a été rapporté par Carl Kaysen. Professeur émérite à l'Institut de technologie du Massachusetts pendant de nombreuses années, il a été l'un des conseillers influents de Kennedy à la Maison-Blanche pour de multiples questions, dont les délicates négociations qui se déroulaient au sujet du canal de Panamá. Le président du Panamá, Roberto Francisco Chiari, était venu à Washington en juin 1962 pour engager des pourparlers avec Kennedy. Les deux présidents s'étaient rencontrés au début de la matinée, et Kennedy avait ensuite dû le quitter pour aller à un autre rendez-vous. Avant leur rencontre suivante, prévue pour midi, J. F. K. avait demandé à Kaysen de lui fournir quelques renseignements dont il avait besoin, en lui précisant que les pourparlers ne se dérouleraient pas aussi bien que prévu. Quelque peu inquiet, Kaysen lui a alors demandé ce qui n'allait pas. Kennedy lui a répondu : « Il m'a dit que nous les avions roulés pendant toutes ces années, et il a bien raison. »

L'inclination à la franchise de Kennedy n'a pas

épargné ses amis. Avant mon départ à New Delhi, en avril 1961, il a donné un déjeuner d'adieu à la Maison-Blanche. Le matin même, le *New York Times* avait publié un article sur le nouvel ambassadeur américain en Inde, et Kennedy m'a alors demandé ce que j'en pensais. L'article m'était globalement favorable et je lui ai exprimé ma satisfaction à ce sujet, mais je ne comprenais pas pourquoi l'auteur avait tenu à signaler que j'étais arrogant. Et Kennedy de répondre :

« Je ne vois pas pourquoi il ne l'aurait pas fait : tout le monde le dit. »

J'ai connu John F. Kennedy à la fin des années 1930, quand il était étudiant et que j'étais jeune directeur d'études à Winthrop House, résidence pour étudiants de Harvard. À l'époque, Winthrop House était particulièrement convoitée par les athlètes. Elle constituait aussi un point de ralliement pour les étudiants de premier cycle d'origine irlandaise, refuge accueillant pour se mettre à l'abri des tensions ethniques qui prévalaient à l'époque. Quelques années plus tard, j'ai prononcé le discours d'inauguration d'un semestre à Harvard, où j'ai décrit mes années passées à cette université, évoqué l'amélioration du climat social et glissé la remarque malheureusement exacte selon laquelle Winthrop House s'était vantée, à ce moment-là, d'avoir été la première des résidences de Harvard à cesser d'être anti-irlandaise pour devenir antisémite. On m'a vivement critiqué ; même à l'université, il faut taire certaines vérités historiques.

Les quatre frères Kennedy ont résidé à Winthrop House. Joseph Kennedy fils, l'aîné, qui a été tué au cours d'une dangereuse mission aérienne pendant la Seconde Guerre mondiale, a été l'un de mes amis les plus proches parmi les étudiants de premier cycle. C'est lui qui m'a ensuite ouvert la porte de la famille Kennedy et présenté son frère John Fitzgerald, qui était de deux ou trois ans son cadet et que je connaissais beaucoup moins bien. John ne manifestait pas un grand enthousiasme pour ses études et ne s'intéressait guère davantage aux questions politiques, qui étaient, en ces années de Grande Dépression et de New Deal, très présentes dans nos vies. Il se préoccupait plutôt de ses amis et de sa vie mondaine, qui accaparaient toute son attention. Son frère ne s'est d'ailleurs pas privé de formuler quelques critiques à ce sujet, tout comme leur père, d'ailleurs.

C'est également de la bouche de Joe fils qu'est venu l'un des commentaires les plus acerbes que j'aie entendus à cette époque au sujet de Jack Kennedy. Un soir d'automne de 1936, Joe est entré dans ma chambre pour me dire qu'il avait découvert un moyen sûr de faire de l'argent. Il souhaitait que je joigne mes efforts aux siens. J'ai refusé mais nous n'avons pas rompu nos liens d'amitié pour autant.

Joe désirait tirer profit d'un travers humain profondément ancré, c'est-à-dire la propension à substituer l'espoir aux attentes rationnelles et au bon sens. Une occasion prometteuse s'offrait à ce moment-là : ceux qui souhaitaient qu'Alfred Landon l'emporte sur

Roosevelt à l'élection qui devait avoir lieu quelques semaines plus tard laissaient manifestement leur espoir dominer leur raison. Pour ceux qui prenaient des paris pour Roosevelt et contre Landon, l'affaire était dans le sac. Joe a ratissé l'École des études commerciales de Harvard, milieu qui se prêtait bien à ses desseins. Au lendemain de l'élection de Roosevelt, il avait amassé assez d'argent pour s'acheter une voiture neuve. Désireux de célébrer sa réussite, il m'avait invité à étrenner sa nouvelle acquisition et à rendre visite à des amis résidant à Wellesley. Il ne décolérait pas au sujet de son frère cadet. Jack aussi voulait une voiture et il en avait acheté une à tempérament, comme on disait alors.

Réaction de Joe : « Moi, je travaille fort pour acquérir une voiture neuve, et lui, il en achète une à crédit. »

Les hostilités ont éclaté en Europe et je me suis retrouvé à Washington au sein de la bureaucratie des années de guerre. J'ai ainsi perdu de vue les frères Kennedy. Leur père avait encouru la disgrâce officielle, lorsqu'il était ambassadeur en Grande-Bretagne, après avoir laissé tomber les Britanniques d'une manière qu'on avait jugée, à juste titre d'ailleurs, partiale et irresponsable. Ma collaboration avec les Kennedy n'a repris qu'en 1946, lorsque J. F. K. s'est porté candidat aux élections au Congrès pour représenter Cambridge et le district du Massachusetts dont il fait partie.

Je n'ai pas participé activement à ses premières campagnes électorales pour accéder à la Chambre des représentants et, plus tard, au Sénat. Il représentait une figure politique assez distante, qui comptait sur sa famille, son argent et un cercle grandissant de conseillers que je ne connaissais pas, y compris les membres de ce qu'on appelait la mafia irlandaise, soit Lawrence O'Brien, Kenneth O'Donnell et Dave Powers. Seule la présence de Theodore Sorensen, qui dispensait ses conseils en matière législative et politique, rédigeait de bons discours et assurait une discipline tranquille, tempérait l'emprise irlandaise sur l'entourage de Kennedy. Enfin, John pouvait également compter sur son frère cadet, Robert, qui était certainement la personne la plus influente de tout l'entourage politique des Kennedy. Ils ont tous fini par former le petit noyau du pouvoir à la Maison-Blanche.

Ma contribution principale, dès que s'est amorcée ma collaboration avec J. F. K., a consisté à lui fournir des données sur les questions économiques. Lorsque J. F. K. siégeait au Congrès, nos relations ont franchi trois étapes successives qui ont merveilleusement illustré la compétence et la maîtrise de la situation qu'il avait acquises. Initialement, il m'appelait pour savoir s'il devait voter en faveur ou non de certains projets de loi. Par la suite, il m'appelait plutôt pour obtenir des renseignements sur une question précise : ce qu'il devrait lire à ce sujet, le nom des personnes les plus à même de lui donner des conseils. À la fin, il sollicitait très rarement mon avis, car il avait peu à peu appris à se fier à ses connaissances et à son jugement personnels.

À la fin des années 1950, nous avons repris notre collaboration au moment où il s'est lancé dans sa campagne présidentielle. Pour son numéro de janvier 1960, la revue *Esquire*, qui exerçait alors une modeste influence politique, a demandé à cinquante-quatre hommes et femmes de renom qui évoluaient dans les milieux littéraire et universitaire d'exprimer leur préférence parmi les candidats à la succession de Dwight D. Eisenhower. Adlai Stevenson est arrivé en tête avec une large majorité — prémisse d'une troisième campagne. Il était suivi de Richard Nixon et de Hubert Humphrey, John F. Kennedy ne se classant que quatrième avec cinq voix, dont la mienne. Kennedy avait également été choisi par Crane Brinton, l'éminent historien de Harvard. Ce dernier souhaitait que le candidat retenu ne présente pas « un programme économique orthodoxe ou "classique", [mais] plutôt néokeynésien ou galbraithien ». Kennedy, qui a accordé plus d'importance que moi à ce coup de sonde, s'en est vivement réjoui et m'a accueilli chaleureusement parmi ses partisans.

Il s'est avéré ensuite que je possédais une autre qualité qui lui était nécessaire. En raison de leur appartenance si visible à la communauté irlandaise, Kennedy et son entourage immédiat étaient parfaitement conscients qu'ils devaient refléter un certain pluralisme ethnique. La campagne ne devait pas être trop manifestement une affaire d'Irlandais. À mon arrivée à Los Angeles pour le Congrès d'investiture démocrate de juillet 1960 — comme je l'ai dit précédemment, j'étais alors coprésident du Conseil consultatif du Comité national démocrate —, j'ai été immédiatement conduit au bureau de campagne de Kennedy, à l'hôtel Biltmore. On m'a remis les laissez-passer nécessaires pour que je participe au Congrès d'investiture et nommé responsable des délégués de Kennedy provenant du nord-ouest du Mississippi. Voici enfin reconnus, me disais-je, mon influence et mes talents politiques. Kenneth O'Donnell est alors venu me voir et m'a dit : « Tu sais pourquoi nous avions besoin de toi. En arrivant ici, nous nous sommes rendu compte que la totalité des membres du personnel employé pour le Congrès étaient catholiques, irlandais ou juifs. » Sorensen rédigeait des discours et offrait ses conseils avec discrétion ; la nécessité d'embaucher un Afro-Américain n'apparaîtrait pas encore avant quelques années. Les journées qui ont suivi m'ont offert une démonstration impressionnante de la vigueur et des talents politiques de Kennedy.

Il s'en est suivi l'opération de ratissage la plus méthodique, voire la plus acharnée, qui ait peut-être jamais été réalisée auprès des délégations à un congrès d'investiture. Aucune d'entre elles, que son allégeance fût déclarée ou non, n'a été négligée. Nous avons pris connaissance des préoccupations de chacune des délégations et, dans la mesure du possible, nous en avons débattu. La réunion matinale quotidienne du personnel de Kennedy commençait avec un bilan du travail effectué la veille et la répartition des tâches pour la journée. Il m'est arrivé de noter que nous semblions jouir d'une avance confortable sur les autres candidats, mais j'ai tout de suite été sévèrement rappelé à l'ordre : l'équipe de Kennedy n'autorisait pas les débordements d'optimisme.

En raison de l'expérience que j'avais acquise en tant que spécialiste des questions agricoles, j'ai été convié à prendre la parole devant un groupe de délégués provenant des États ruraux. Il y serait question d'agriculture, c'est-à-dire l'une des rares questions au sujet desquelles Kennedy ne se sentait pas très sûr de lui : « Quand j'étais enfant, on nous faisait monter dans un autobus pour aller voir une vache. » William Robert (Bob) Poage, de Waco, au Texas, qui avait longtemps été membre puis président du comité de la Chambre chargé des questions agricoles et qui était alors l'un des délégués appuyant Lyndon Johnson, a livré un discours électrisant sur l'importance de maintenir le programme agricole sous la gouverne de quelqu'un qui était issu du milieu rural et non d'un citadin ignorant en provenance de la côte est. J'avais préparé le terrain pour Kennedy et je devais être le prochain à monter à la tribune. Je m'apprêtais à rappeler que le meilleur allié des agriculteurs américains avait été un progressiste de la côte est, Franklin D. Roosevelt. Peu avant que je prenne la parole, toutefois, Kennedy s'est présenté lui-même. Il en était venu à la conclusion que la question était trop importante pour être déléguée à un intermédiaire. Il a rapidement pris connaissance de mon texte et l'a remanié en y ajoutant ses propres idées et en montrant clairement l'ampleur de son intérêt pour les questions agricoles et l'étendue de sa compétence en la matière. Certains membres de l'auditoire voteraient tout de même pour d'autres candidats, mais ils avaient pu voir que Kennedy serait désormais pleinement digne de leur confiance.

En ce mois de juillet 1960, Kennedy a manifesté la plus grande sagacité en faisant de Lyndon Johnson son colistier. Les Kennedy n'aimaient pas tellement Johnson. Robert Kennedy l'avait même qualifié de casse-pieds, ce qui était tout à fait inexact, car Johnson était précisément le contraire d'un casse-pieds. Sa présence aux côtés de John Kennedy vaudrait indubitablement à celui-ci les suffrages des Texans et rallierait un certain appui ailleurs dans le Sud. Son influence au sein du Congrès pourrait également apporter des voix en faveur de John. Le problème résidait en fait dans les profondes différences entre les deux hommes concernant leur façon de faire de la politique. Mais il y avait là un électorat dont les voix étaient nécessaires à Kennedy. C'est pourquoi, à l'encontre de l'avis formulé par de nombreux membres de son entourage, y compris son frère, Kennedy a décidé de faire de Johnson son candidat à la vice-présidence.

J'ai été moins abasourdi que bien des gens lorsque Robert Kennedy m'a appelé, tôt le matin, pour m'informer, la voix altérée par la colère, que Johnson serait le colistier de son frère. Je devais contribuer à contenir la réaction anticipée des progressistes. Mon propre sentiment n'était pas défavorable à ce choix. Johnson appartenait à la même génération que moi. Nous nous étions croisés à Washington dans les années 1940 en tant que partisans avoués du New Deal. Lorsqu'est venu le moment de prendre la parole au Congrès d'investiture, j'étais sûr de mon fait. Encore Roosevelt : « C'est la même situation qu'en 1932, lorsque F. D. R. a fait appel à John Nance Garner, un Texan lui aussi. » Si Roosevelt avait vu juste, Kennedy avait sans doute aussi raison.

La réaction des progressistes a été vive, mais elle s'est rapidement estompée. Plus tard, Kennedy m'a confié, avec sa franchise habituelle, les raisons de son choix :

« Premièrement, j'avais l'impression que Lyndon atténuerait mon vernis catholique mieux que quiconque. C'est un protestant du Sud.

« Deuxièmement, il m'apporte clairement un certain appui du Sud.

« Troisièmement, ça ne servirait à rien d'être le président si Lyndon était le leader de la majorité. »

C'est au sujet de la guerre du Vietnam que John Kennedy a donné la meilleure preuve de son flair politique. J'étais opposé à notre intervention là-bas, comme il l'était lui-même sans le moindre doute. Sauf qu'il devait composer avec les esprits guerriers du Pentagone, certains conseillers civils tout aussi belliqueux et les conservateurs dans leur ensemble. Pas moi.

Mon opposition se fondait sur une connaissance de cette région du monde qui était plus approfondie que celle de la plupart de mes collègues. Ils ne m'impressionnaient guère, ceux qui brandissaient la menace du communisme au sujet d'un pays qui n'avait jamais connu le capitalisme, la démocratie ni même l'indépendance. Partant de ce que je savais de l'Inde et de ses problèmes (comme je le précise plus loin, j'ai joué un rôle de consultant là-bas avant de devenir ambassadeur), je connaissais bien l'emprise que la crainte d'un nouvel impérialisme exerce sur d'anciennes colonies. C'était le triste sort que le Vietnam avait longtemps connu. Nous serions perçus là-bas comme les successeurs des Chinois, des Français et des Japonais.

Brièvement de retour de l'Inde à l'automne de 1961, j'ai pris connaissance, de manière quelque peu illégale, de la première et très secrète proposition d'envoi de troupes américaines au Vietnam. Ces troupes devaient s'y rendre sous le couvert d'une mission civile de protection contre les inondations. J'ai exprimé mon désaccord avec vigueur, et Kennedy m'a dépêché à Saïgon afin que je prépare un rapport détaillé de la situation, en sachant très bien que mon opinion était déjà arrêtée. Je ne l'ai pas déçu (mon rapport défavorable a été ultérieurement publié dans l'ouvrage intitulé *Le Dossier du Pentagone*). Durant les mois suivants, nous avons souvent discuté de la question du Vietnam ; il évoquait alors son désir de limiter notre engagement militaire là-bas, puis d'y mettre un terme. Il me parlait aussi des pressions civiles et militaires dont il faisait l'objet. Il jugeait quelque peu prévisibles les échos qui lui provenaient du Pentagone. Par contre, il appréciait moins l'attitude des civils qui s'efforçaient de montrer qu'ils pouvaient être aussi inflexibles que les généraux lorsqu'on sollicitait leur opinion sur des questions militaires.

Le débat sur ce qui serait arrivé au Vietnam si Kennedy n'avait pas été assassiné se poursuit encore aujourd'hui. Mieux placé que beaucoup d'autres pour le savoir, je n'ai pas le moindre doute à ce sujet. Kennedy désapprouvait vivement une entreprise hasardeuse d'une telle envergure. D'autre part, se souvenant des conseils qu'il avait reçus lors du débarquement à la baie des Cochons et de la crise des missiles cubains, il nourrissait une saine méfiance à l'égard des avis qui lui parvenaient tout aussi bien des civils que des militaires. Peu avant sa mort, il avait clairement manifesté son intention de mettre fin à notre engagement au Vietnam. Ce n'était pas de la simple rhétorique. Je suis convaincu qu'il l'aurait fait.

Le 22 novembre 1963, Arthur Schlesinger fils et moi avions été invités à rencontrer Katharine Graham à New York pour discuter des pages littéraires de *Newsweek* — la section négligée — dont elle se disait, en tant que propriétaire de la revue, insatisfaite. Deux ou trois rédacteurs étaient présents. À un certain moment, la porte s'est ouverte et un membre du personnel a demandé, après une légère hésitation, s'il pouvait nous interrompre. Il semblait qu'on avait tiré sur Kennedy. Nous avons ensuite entendu dire qu'il était mort. Nous avons repris l'avion pour Washington et nous nous sommes rendus à la Maison-Blanche. Plus tard, je suis allé à Andrews Field pour attendre l'avion qui ramenait du Texas Jacqueline Kennedy et Lyndon Johnson. Puis je suis retourné à la Maison-Blanche.

Ceux qui s'y sont rassemblés les jours suivants ont pu, d'une certaine façon, mettre leur chagrin en veilleuse en raison du travail urgent qui leur incombait. Les dignitaires étrangers, la cérémonie au Capitole et surtout les funérailles accaparaient presque toute notre attention. De plus, comme je le préciserai plus loin, on m'a prié de rencontrer Lyndon Johnson pour lui parler de ce qui l'attendait et, en collaboration avec Ted Sorensen, qui en a rédigé la plus grande partie, de préparer le discours que L. B. J. devait prononcer devant les deux chambres du Congrès. J'ai également rédigé un avis nécrologique pour le *Washington Post* (je l'ai relu récemment : voilà un affreux exemple d'enflure verbale). Il fallait aussi accomplir la tâche très délicate qui consistait à choisir qui il fallait inviter aux funérailles ; compte tenu de la présence de la famille, du gouvernement, des membres du Congrès et des chefs d'État étrangers, il restait peu d'espace disponible.

Le travail à accomplir était si exigeant qu'il a quelque peu éclipsé la profonde tristesse du moment. Ce n'est que plus tard que j'ai pu prendre toute la mesure de la perte que nous venions de subir. Si la mort de Roosevelt signifiait qu'un monde venait de disparaître, celle de Kennedy représentait la perte d'un ami cher. La vie continuait.

Depuis ce triste jour de novembre, l'analyse des années Kennedy a pris deux tangentes diamétralement opposées. On a d'abord décrit les réalisations du jeune président, puis la grâce, le prestige, l'envergure et l'attention publique qu'il a conférés aux fonctions présidentielles, et enfin sa résistance tranquille aux débordements militaires et aux excès de la guerre froide. Il en est résulté une image de John F. Kennedy, de sa politique intérieure et de sa politique extérieure qui demeure, encore aujourd'hui, généralement positive. Mais on a aussi pu assister à de vives discussions sur la santé et les aventures extraconjugales de J. F. K. La multiplication de ces débats, et notamment ceux qui concernent sa vie sexuelle, a offert un débouché bien rémunéré à une grande quantité de scribes en tout genre.

J'étais au courant des problèmes de santé que connaissait Kennedy. De prime abord, il semblait vigoureux et alerte. Cependant, nous savions tous qu'il était souvent victime de douleurs, particulièrement au dos, et qu'il consommait toute une panoplie de médicaments pour rendre tolérable sa vie publique. J'avais entendu dire qu'il souffrait de la maladie d'Addison, mais je n'ai jamais été vraiment au fait des symptômes de cette maladie. Toute la question de ses ennuis de santé est maintenant bien connue du public dans son ensemble.

Cependant, c'est la vie sexuelle de Kennedy qui a surtout défrayé la chronique. Pour ma part, je n'ai jamais rien su de ses aventures, réelles ou présumées, pendant toutes les années où j'ai collaboré avec lui. On ne les a jamais évoquées en ma présence. Il est rare de pouvoir plaider l'ignorance avec plus de satisfaction. Tout ce que je sais à ce sujet, pour peu que ce soit la vérité, je l'ai appris après sa mort.

Je ne prétendrai pas que John F. Kennedy n'a pas eu d'aventures extraconjugales. Franklin D. Roosevelt en a eu, de même que Lyndon B. Johnson, qui parfois ne cachait même pas qu'il en était fier. Il y a eu Grover Cleveland et d'autres : on pourrait remonter jusqu'à Thomas Jefferson. Il y a Bill Clinton aujourd'hui. Toutefois, c'est principalement sur Kennedy que, depuis une trentaine d'années, s'est portée l'attention publique. L'explication est assez simple : ce n'est pas parce que J. F. K. était exceptionnel, mais plutôt parce qu'il continue encore de susciter un vif intérêt et que c'est précisément cela qui se révèle lucratif. Il est également exact que ces histoires à caractère sexuel se prêtent à des discussions que même l'analyste le plus borné peut comprendre et que même le plus ignorant peut commenter.

Le président Kennedy, à l'instar de tous les présidents de l'époque moderne, ne gouvernait pas seul. Il pouvait compter sur un fidèle noyau de protecteurs et d'adjoints, et notamment sur la mafia irlandaise déjà évoquée. Tout aussi présent était son frère Robert, intelligent, déterminé, énergique, dont je reparlerai plus loin. Il y avait aussi, dans un rôle atténué et de plus en plus réduit, son père, Joe Kennedy. Il y avait l'en-

En compagnie de L. B. J., entre le Bureau ovale et la Maison-Blanche.

Le Congrès d'investiture démocrate de 1960. Je donne des renseignements à J. F. K. en vue d'une réunion sur l'agriculture, au sujet de laquelle il ne voulait pas en savoir davantage.

En compagnie de Robert Kennedy au cours d'une conférence de presse tenue dans un hôpital militaire d'Hawaii. Je me rétablissais d'une brève maladie d'origine indienne.

En réunion avec Nehru et David Bell, directeur de l'Agence internationale pour le développement. On peut apercevoir la photo du Mahatma Gandhi. Il était question d'aide économique.

De nouveau avec Nehru, pendant une discussion apparemment sérieuse, probablement pendant la guerre d'Indochine de 1962.

Jackie examine un éléphant en fer-blanc bon marché. Elle avait écrit ces mots sur la photo : « Vous m'aviez promis de me montrer les trésors de l'Inde. »

L'une de mes rares rencontres avec Harry Truman.

L. B. J., Lady Bird et moi, au moment de prendre l'avion à New York. J. Edgar Hoover affiche sa désapprobation totale.

Eleanor entourée de quelques amis.

En compagnie de Gene McCarthy, pendant le chaotique Congrès à l'investiture démocrate de 1968. Je m'apprête à soutenir sa candidature. (Burton Berinsky/*Time*)

Temporary Building "D"

January 29, 1942

Refer to: 5:12:RMH

RECEIVED
JAN 31
FILES
OPA

Wilde's Standard Service
Oregon
Illinois

Gentlemen:

In reference to your letter of January 20, an amended order, effective January 28, allows a dealer in tires and tubes to transfer his stock to a wholesaler or distributor provided that he keeps a record of the transfer showing the name of the person acquiring the inventory, the number and type of tires and tubes acquired, sales price and the date of transfer.

Consequently, the transfer to your distributor in this case does not require special permission of this Office.

Very truly yours,

J. K. Galbraith
Assistant Administrator

SENT
JAN 30 1942
FROM PRICE DIVISION OF
OFFICE OF PRICE ADMINISTRATION

By Ben W. Lewis
Price Executive
Rubber and Rubber Products Section

RMNixon:ms

WRITTEN BY .....
REVIEWED BY .....
REVIEWED BY .....
REVIEWED BY .....
REVIEWED BY .....

1942. Examinez attentivement la partie inférieure gauche du document. Richard Nixon rédigeait mes lettres au sujet du rationnement du caoutchouc pendant la guerre, dont j'étais alors responsable.

semble de la famille Kennedy, loyale et brillante, les sœurs de J. F. K. et ses beaux-frères, notamment Sargent Shriver. Et, surtout, il y avait Jacqueline Kennedy. C'est à elle et à son entourage immédiat que je consacrerai le prochain chapitre. Mais j'aimerais d'abord évoquer une réflexion qu'elle a faite au sujet de son mari et de l'incidence de son décès prématuré sur sa réputation.

Quelques mois, peut-être même un an ou plus, après l'assassinat du président, Jacqueline Kennedy et moi nous trouvions sur une pelouse située face à Harvard, de l'autre côté de la rivière Charles, un peu en aval de l'École des études commerciales. Il s'agissait d'un site pressenti pour la construction de la bibliothèque Kennedy, qui n'était pas très attrayant parce que la vue donnait sur les cheminées fumantes de la Cambridge Electric Light Company.

« Lorsqu'ils auront grandi, disait Jackie, mes enfants auront de la difficulté à croire que Jack soit devenu président des États-Unis à un si jeune âge. » Elle a ensuite ajouté : « Ils n'auraient pas eu la même impression s'ils l'avaient vu vieillir. »

Elle soulevait là une question extrêmement intéressante. Si Kennedy avait vécu, il aurait effectivement hérité d'une réputation très différente. Les effets incontournables du vieillissement se seraient fait sentir. Il aurait également été contraint de participer aux débats sur les événements controversés ayant marqué sa présidence : le débarquement à la baie des Cochons, la crise des missiles cubains et, inévitablement, la guerre du Vietnam. Mieux vaut laisser ces questions aux historiens. Pis encore, il n'aurait pas pu esquiver toutes les questions portant sur sa vie sexuelle. Il a échappé à tout cela.

L'assassinat de John F. Kennedy a profondément attristé tous ceux qui l'aimaient, ainsi que le pays et le monde dans son ensemble. Il a aussi eu une conséquence peu souvent mentionnée : il nous a laissé le souvenir durable d'un jeune homme au faîte de son pouvoir politique et de son charme personnel.

9

Jackie et le clan Kennedy

On a dit du président Woodrow Wilson qu'il dactylographiait lui-même ses discours sur sa propre machine à écrire et qu'il n'avait même pas de secrétaire. Au cours du XXe siècle, toutefois, le président a cessé d'être une personne pour devenir une institution. Il gouverne et il préside. Il en était ainsi de John F. Kennedy.

Pendant sa présidence, se trouvaient à la Maison-Blanche, ou plutôt logés dans la prestigieuse aile ouest, l'indispensable Theodore Sorensen de même que Lawrence O'Brien, Kenneth O'Donnell, Myer Feldman et Richard Goodwin, qui avaient tous suivi J. F. K. au Sénat, puis dans ses nombreuses campagnes électorales. Ensemble, ils s'occupaient des relations avec le Congrès et traitaient toute l'information et toutes les requêtes relatives aux questions de politique intérieure qui provenaient des ministères et des organismes gouvernementaux. Comme il se doit, la plus grande partie de leur travail passait inaperçue. Y étaient également présents les très controversés conseillers en politique extérieure, sur lesquels je reviendrai plus loin. Tous ont gardé un souvenir particulièrement vif d'un ami de longue date de Kennedy, David Powers, le portier du Bureau ovale. Personnage très sous-estimé, il faisait preuve d'une intelligence vive et mâtinée d'un sens de l'humour inébranlable. J'ai encore présent en mémoire le souvenir d'une rencontre avec lui survenue plusieurs années après la mort du président, lors de l'inauguration de la bibliothèque Kennedy à Columbia Point, sur le bord de mer à Boston. La cérémonie avait été empreinte de nostalgie et de charme. Un vent doux soufflait de la mer. Le président Carter était présent, ainsi que Jacqueline Kennedy Onassis, la famille Kennedy et un vaste cortège issu des milieux politiques de Boston. Les discours avaient été brefs et touchants. En rentrant, je conversais avec David Powers et lui faisais remarquer banalement que la journée avait été fort agréable. Sa réplique n'a pas tardé : « Ken, jamais dans l'histoire du Massachusetts il n'y a eu un si grand et si joyeux rassemblement où on trouvait si peu de gens qui faisaient l'objet d'une mise en accusation. »

Arthur M. Schlesinger fils a également joué un rôle très important à la Maison-Blanche à titre d'adjoint spécial du président. Il a brillamment contribué à orienter le cours des événements qu'il allait décrire dans les livres qu'il a fait paraître ensuite. Il a fait entendre la voix de la raison au sujet des deux grandes mésaventures qui ont marqué la présidence de Kennedy, c'est-à-dire le débarquement à la baie des Cochons et l'interminable guerre du Vietnam, et qui ont toutes deux résulté de graves erreurs commises par les conseillers en politique extérieure du département d'État, de la CIA et surtout du Pentagone.

Enfin, il y avait Robert F. Kennedy, ministre de la Justice et Procureur général, qui agissait aussi et surtout comme principal conseiller politique auprès de la Maison-Blanche. John F. Kennedy hésitait parfois à formuler les reproches que méritaient les erreurs commises ou les manifestations de dissidence. Pas Bobby.

Ces dernières années, pendant les mandats de Ronald Reagan, de George Bush et, au moment où j'écris ces lignes, de Bill Clinton, la presse écrite, parlée et électronique de Washington n'a jamais cessé de publier des informations sur les aspirations conflictuelles du personnel de la Maison-Blanche et sur les luttes de pouvoir en son sein : qui voit son étoile monter, qui d'autre la voit pâlir, qui fait son entrée et qui d'autre s'apprête à quitter la scène, quelle mesure législative ou présidentielle est préconisée par les forces en présence, qui est susceptible de démissionner ou d'être mis à la porte, que contiendra le livre qu'écrira un ex-responsable politique et, surtout, combien il touchera. Les années Kennedy ont été exemptes de tout cela. À peine entendait-on, rarement, une allusion aux divergences d'opinion. Ce qui est aujourd'hui banal aurait alors été estimé exceptionnel, inapproprié et ouvertement déloyal.

La paix et la tranquillité qui ont régné à l'époque sont principalement attribuables à Robert Kennedy. Il faisait savoir sans détour que toute critique ou tout désaccord exprimés publiquement au sujet de la politique présidentielle étaient interdits ; aucune exception ne serait tolérée. Une telle discipline s'étendait bien au-delà de l'entourage immédiat des deux frères. Après la débâcle de la baie des Cochons, Chester Bowles, sous-secrétaire d'État qui s'opposait à cette action manifestement insensée, s'est vu intimer l'ordre de garder le silence par un Robert Kennedy qui lui tenait fermement les épaules. Les autres ont compris le message et, comme Schlesinger et moi-même, n'ont jamais manifesté leur opposition en public.

La présidence de Jimmy Carter a quelque peu souffert des frasques du frère du président, Billy Carter ; sa joyeuse participation à des concours de consommation de bière et à d'autres événements sportifs analogues a laissé une impression pour le moins gênante. Un président doit pouvoir compter sur le plein appui d'une famille bien élevée. John F. Kennedy a eu et, s'il avait vécu, aurait conservé cette chance.

Tout n'était pas parfait. Il y avait Joe Kennedy père, surnommé « Le Vieux Joe » par tout le monde à cette époque. Sa personnalité résolument extravertie, l'aptitude exceptionnelle qu'il avait pour faire de l'argent, ses liens très étroits avec le milieu hollywoodien et ses singuliers antécédents d'ambassadeur, tout cela jetait une ombre au tableau. Il a été remarquablement présent pendant la campagne présidentielle de 1960, faisant entendre une voix pas toujours conservatrice. Au cours d'une vive discussion préparatoire à un discours de politique économique destiné à des journalistes de New York, qui devait constituer une importante déclaration de principes, Joe Kennedy a exprimé son appui à mes thèses généralement progressistes. D'autres, dont son fils, étaient plus circonspects. Après coup, J. F. K. est venu me voir pour me dire d'un ton aigre-doux : « J'aimerais savoir comment vous faites pour avoir tant d'influence sur mon vieux père. » Mais Joe Kennedy s'effaçait. Il s'est effacé encore plus rapidement après l'entrée de son fils à la Maison-Blanche et a quitté la scène en 1961 après avoir subi un grave accident cérébrovasculaire. Ses fils lui rendaient visite à Hyannis Port et y emmenaient des visiteurs pour lui faire la conversation, mais son influence s'était dissipée.

Il était notoire que Robert Kennedy avait les coudées franches. Bien davantage que son frère, il avait fait siennes la lutte en faveur des pauvres et des démunis. Il s'intéressait également à une foule d'autres questions. À la recherche d'information et de conseils en matière de gestion des affaires publiques, il organisait souvent des réunions et des séminaires dans sa maison de Virginie. Divers problèmes et leurs solutions possibles, sur les plans tant national qu'international, faisaient l'objet de discussions et de débats entre spécialistes reconnus ou autoproclamés. Les séminaires de Hickory Hill ont marqué les années Kennedy. Personne n'a jamais pu espérer rien de semblable sous Ronald Reagan.

Un fait essentiel demeure, au sujet de Robert Kennedy : il représentait la principale force morale tant au sein de la Maison-Blanche qu'au gouvernement dans son ensemble. Durant toutes ces années, John F. Kennedy a pu compter sur l'affection des milieux politiques de Washington, alors que l'on redoutait Robert F. Kennedy.

Les sœurs du président ont aussi été très présentes et professaient des vues très arrêtées sur les questions sociales. Deux d'entre elles, Eunice et Jean, ont associé des époux très marquants, Sargent Shriver et Stephen Smith, à ce que l'on appelait partout La Famille. Sargent Shriver a été le fondateur du Corps des volontaires de la paix *(Peace Corps)* et, comme je le préciserai plus loin, il est resté auprès de Lyndon Johnson pour l'aider à donner la première impulsion à la guerre contre la pauvreté. J'aimerais évoquer ici un souvenir de son talent en matière de persuasion diplomatique.

Il est venu en Inde, peu après mon entrée en fonction là-bas en tant qu'ambassadeur, pour persuader le gouvernement indien d'accepter les tout premiers contingents du Corps des volontaires de la paix. La question ne me comblait pas d'aise. Je l'ai averti que, compte tenu du climat qui régnait en Inde à l'époque et des sentiments de Jawaharlal Nehru en particulier, le Corps serait considéré comme un exemple visible des efforts accomplis par les Américains pour accroître leur influence, influence qui était perçue, en ces temps post-impériaux, comme la menace américaine. Il fallait faire la preuve que le déploiement du Corps aurait un caractère restreint et expérimental et qu'il serait confiné dans une région de l'Inde, le Penjab. Pendant la rencontre avec Nehru, Sarge, comme on l'appelait, a suivi mes conseils à la lettre, mais en faisant preuve de la plus grande éloquence. Le nouveau projet qu'il dirigeait viendrait en aide aux plus démunis des Indiens et permettrait à de jeunes Américains de faire œuvre utile. Nehru l'a écouté sans mot dire. J'étais prêt au pire. Lorsqu'il a fini par réagir, c'était pour demander qu'on lui explique pourquoi le projet était de si faible envergure et devait être limité à un seul État de l'Union indienne. Il estimait que l'idée était excellente et n'en déplorait que le manque d'envergure. Ma réputation de conseiller éclairé en a visiblement été ternie.

Les autres membres de la famille s'étaient engagés dans des actions sociales analogues. À la même époque, Eunice Shriver a entrepris des démarches, qu'elle a poursuivies toute sa vie, en faveur des enfants handicapés ou invalides. Jean Kennedy Smith exerçait une présence discrète ; elle deviendrait par la suite une ambassadrice on ne peut plus active en Irlande. Son mari, Stephen Smith, gérait les ressources financières considérables de la famille avec une compétence telle que ses membres, y compris le président, sont demeurés à l'abri du souffle du scandale et du moindre soupçon. Compte tenu de l'ampleur des sommes en jeu, sa réussite n'était pas banale. En politique, certains acteurs tirent toute leur importance du seul fait qu'ils passent inaperçus.

À la fin de l'automne 1960, après avoir exprimé clairement mon intérêt à l'égard de l'Inde, j'ai brièvement songé à la possibilité de succéder à Kennedy à titre de sénateur du Massachusetts. J'ai abordé la question avec le président nouvellement élu. Il s'agissait de déterminer où je serais le plus utile. Kennedy s'est exprimé franchement : ce serait en Inde. J'ai appris plus tard que la succession familiale avait déjà été planifiée. Le frère cadet, Edward, était trop jeune à cette époque pour être nommé au poste qu'occupait son frère. Deux ans plus tard, toutefois, lorsque Ted atteindrait la trentaine, le titulaire temporaire du poste se retirerait conformément à un plan bien établi, et Ted serait élu au Sénat.

Le jeune âge et l'inexpérience d'Edward Kennedy constituaient initialement des facteurs défavorables. Mais pas toujours. Arrivé tôt le matin, pour sa première campagne électorale, aux portes d'une usine du Massachusetts pour échanger des poignées de main avec les ouvriers qui entraient au travail, il a été accueilli par un homme d'âge mûr qui s'est précipité vers lui.

« Teddy, mon gars, j'ai entendu dire que tu n'avais jamais travaillé de ta vie. »

C'était précisément le point le plus faible du candidat. Ted s'apprêtait à lui répondre du mieux qu'il pouvait, mais le vieil homme a été plus rapide : « Écoute-moi bien, mon p'tit gars. T'as rien manqué. »

J. F. K. n'aurait pu choisir un meilleur successeur. Edward Kennedy a été élu sénateur en 1962 et est devenu le législateur progressiste le plus compétent de son époque sur tous les fronts.

Je vais parler maintenant du membre du clan Kennedy qui a suscité la plus vive affection et qui a peut-être été, pour beaucoup, le moins bien compris.

Jacqueline Kennedy était une belle femme, d'une beauté qui attire et retient le regard. Elle était toujours vêtue de manière impeccable — certains ont dit somptueuse — mais jamais ostentatoire. Sa façon d'accueillir, d'une voix basse et chaleureuse, ceux qu'elle rencontrait leur donnait la même impression que si elle les prenait dans ses bras. Chacun sentait, sans la moindre exagération, qu'elle l'accueillait sincèrement auprès d'elle et qu'elle avait vraiment envie de le voir. Si personne du clan Kennedy n'a jamais osé médire du président, il est tout aussi vrai que personne n'a jamais médit de sa femme non plus. Des désaccords ont parfois surgi entre Jackie et ses nombreuses belles-sœurs sur des questions de style et sur la manière de dire les choses en politique, mais le public n'en a rien su.

La réaction du monde extérieur également n'a jamais eu de caractère autre que positif. Les Premières Dames — expression tout à fait déplaisante — ont, depuis la présidence de Kennedy, été la cible de critiques assez nombreuses. Elles les ont suscitées dans la mesure où elles partageaient ou adoptaient un rôle public ou, dans le cas de Nancy Reagan, qu'elles se substituaient à un époux vieillissant et, à la fin, aux facultés réduites. Toute critique sérieuse contre

Jacqueline Kennedy aurait été rejetée comme étant de nature partisane.

On a expliqué ce sentiment d'affection qu'elle suscitait par le fait qu'elle se tenait à l'écart de la politique. Elle a décoré, meublé et remis à neuf la Maison-Blanche. Elle apportait sa touche d'élégance à tous les événements à caractère mondain. On a cru que son action s'était limitée à cela et qu'elle n'avait pas joué de rôle politique. Pour beaucoup, hier comme aujourd'hui, c'est la nature même de la fonction que doit occuper la femme du président.

Une telle impression ne saurait être plus erronée : Jacqueline Kennedy *a joué* un rôle politique important. En toute connaissance de cause, elle avait défini celui-ci avec soin. Elle a fait ce qu'aucun autre membre du clan Kennedy ne pouvait faire aussi bien, et ce, sans jamais causer de controverse publique.

Jacqueline Kennedy ne parlait pas de politique et manifestait ouvertement son indifférence à ce sujet. L'un de mes premiers souvenirs remonte à un petit déjeuner pris au domicile des Kennedy, à Georgetown, peu avant l'élection présidentielle de 1960. J. F. K. et Jackie s'en allaient faire campagne toute la journée en Pennsylvanie. Il emportait une mallette bourrée de brouillons de discours, de notes et de données biographiques relatives aux gens qu'il devait rencontrer. Elle emportait les *Mémoires* du duc de Saint-Simon. Elle ne participerait pas aux efforts de persuasion. Ce qui comptait, c'est qu'elle soit là : c'était elle, au moins autant que le candidat, que les foules voulaient voir. Mais elle était aussi là pour un motif plus important, car c'était elle, et non le peu méfiant J. F. K., qui allait observer, écouter et jauger les personnalités qu'ils devaient rencontrer.

Tout président doit affronter ce problème fondamental et récurrent : comment réagir lorsque se présente une situation inédite, qu'elle soit d'ordre national ou international, importante ou banale ? Cette question en fait surgir d'autres, un peu plus délicates. À qui peut-il se fier pour demander conseil ? À qui peut-il accorder sa confiance ? Le président ne peut prendre toutes ses décisions seulement en s'appuyant sur ce qu'il sait. Voilà le rôle que Jacqueline Kennedy a joué lorsque son mari était président. Elle connaissait et observait les personnes auxquelles le président devait faire confiance. Elle distinguait clairement ceux qui lui apportaient leur concours de ceux qui défendaient leurs propres intérêts, et particulièrement de ceux qui camouflaient un jugement déficient derrière une image de fausse importance, c'est-à-dire les imposteurs.

Son sens de l'analyse, pénétrant et sans concession, revêtait une grande importance pour John F. Kennedy. Il avait un penchant naturel pour la tolérance. Ses années consacrées à la vie politique au Massachusetts et au Congrès l'avaient amené à côtoyer un grand nombre de personnes qui, en plus d'offrir leurs conseils et leur collaboration, s'efforçaient de parvenir à leurs propres fins. Après son élection à la présidence, il devenait absolument vital pour lui de savoir sur qui il pouvait compter. L'opinion de Jackie lui était essentielle. Elle n'a pas décidé un jour d'entreprendre l'analyse des motivations de chacun, mais a plutôt simplement tenu pour acquis que cette tâche lui revenait. Lorsqu'elle observait une démarche animée par l'intérêt personnel ou des agissements douteux, elle le disait calmement, comme un fait avéré.

À cette époque, le général Lyman L. Lemnitzer était le commandant des chefs d'état-major interarmées, poste d'une importance vitale pour le président. Lem, comme on l'appelait, était un homme sympathique à la carrure impressionnante. Il n'était pas enclin à la réflexion philosophique. « Jack avait une bonne opinion de lui, a déjà fait remarquer Jackie, jusqu'à ce qu'il se présente, un samedi matin, à la Maison-Blanche en veston sport. » Elle s'était déjà aperçue que Lem devait sa prestance à son uniforme.

La vie de John F. Kennedy a brutalement pris fin en ce jour d'automne 1963; pendant les trente et une années qui ont suivi, Jackie a été l'une des femmes les plus estimées de son époque. Nul doute que cela ressortit en partie à l'héritage des Kennedy. Elle a bénéficié du rayonnement et de l'affection issus des années Kennedy. Il avait disparu, elle demeurait. Elle s'est remariée mais a conservé toute son autonomie. Elle a maintenu avec la famille Kennedy des liens chaleureux. En 1968, année houleuse par excellence — j'y reviendrai plus loin —, j'ai participé aux efforts entrepris en vue de convaincre Eugene McCarthy de se porter candidat à l'investiture présidentielle contre Lyndon Johnson, surtout dans l'espoir de mettre un terme à la tragédie que représentait la guerre du Vietnam. Lorsque Robert Kennedy s'est lui-même porté candidat le printemps de cette année-là, je suis resté aux côtés de Gene. Jackie était furieuse. Elle m'a agoni de reproches pour avoir déserté La Famille.

Le rôle de Jacqueline Kennedy ne se limitait pas à juger certains comportements et à manifester son indéfectible loyauté. Elle écoutait et charmait les hommes politiques américains ou étrangers, de Charles de Gaulle à Jawaharlal Nehru. À l'occasion de l'agréable visite qu'elle lui a rendue en Inde, en 1962, Nehru a insisté pour qu'elle et sa sœur, Lee Radziwill, délaissent la petite maison que nous avions trouvée pour la durée de sa visite — la construction de l'ambassade n'était pas encore achevée — et s'installent dans un appartement plus spacieux et beaucoup plus joli qui donnait sur la vaste pelouse attenante à sa résidence officielle. Il était heureux de leur dire qu'il s'agissait là des quartiers qu'avait occupés Edwina Mountbatten (épouse de Louis Mountbatten, le dernier vice-roi de l'Inde), avec laquelle Nehru avait eu des liens dont la nature a fait l'objet de débats tout aussi prolongés mais discrets.

L'attrait que Jackie éprouvait pour les personnalités politiques qui venaient à la Maison-Blanche, qu'il s'agisse de membres de la Chambre, de sénateurs, de hauts fonctionnaires ou même de Khrouchtchev, appartient à l'histoire de cette époque. Personne n'a jamais accordé plus d'attention que Jackie à ce qu'ils voulaient bien dire de leurs propres réalisations, et rien ne fait plus de plaisir à un personnage public qu'un auditoire véritablement attentif. Jackie en était bien consciente.

Mon amitié pour Jackie s'est approfondie au fil des horribles journées ayant suivi l'assassinat de Kennedy. Il fallait procéder aux arrangements funéraires, qu'elle a pris en main et auxquels j'ai contribué. Il fallait aussi discuter de la question, pas banale du tout, de son avenir immédiat et plus lointain, et régler certains problèmes contrariants, dont celui du lieu où résideraient dorénavant Jackie et ses enfants. J'ai obtenu d'Averell Harriman qu'il quitte sa maison spacieuse et bien pourvue en personnel, située à Georgetown, pour que Jacqueline, Caroline et John fils puissent s'y installer. Les Harriman ont vécu quelque temps à l'hôtel. Par la suite, j'ai revu Jackie à Hyannis Port, au cours d'un voyage de ski familial en Suisse, à l'occasion d'une visite mémorable chez nous, au Vermont, et plus fréquemment à New York. Puis, il y a eu ses derniers jours immensément tristes, la veillée funèbre et ses funérailles. Notre longue amitié m'a permis de parvenir à comprendre pleinement tout ce qu'elle avait fait pour John F. Kennedy en tant qu'homme politique et en tant que président. Et ce qui avait fait d'elle la femme la plus admirée de son époque.

10

Jawaharlal Nehru

À l'exception de Roy Jenkins, dont je n'ai pas encore parlé, Jawaharlal Nehru est l'homme politique étranger avec lequel j'ai établi les relations personnelles les plus étroites au fil des ans. Lorsque j'ai fait sa connaissance, il était premier ministre d'une Inde qui venait d'accéder à l'indépendance. Mais il avait fait bien davantage. Avec Mohandas Gandhi, il avait longuement lutté pour conquérir l'indépendance de son pays, assortie, malheureusement, de sa division en trois entités souvent hostiles, pour mettre sur pied le gouvernement de la nouvelle Inde et pour donner forme à son économie et à sa vie politique. Avec Gandhi, Jawaharlal Nehru représentait la quintessence de l'Inde : Gandhi en incarnait le passé, et Nehru, après l'indépendance, le présent.

J'ai fait la connaissance de Nehru dans les

années 1950, après avoir été recruté comme conseiller pour la réalisation du deuxième plan quinquennal de l'Inde. Puis, à titre d'ambassadeur des États-Unis pendant deux ans et demi, au début des années 1960, j'ai collaboré avec lui sur une base permanente. La première fois que je l'ai rencontré après être officiellement devenu un diplomate, Nehru m'a signalé, à mon grand plaisir, qu'il espérait que mon nouveau statut ne m'empêcherait pas de conserver mes fonctions antérieures de conseiller. Peu d'ambassadeurs ont bénéficié d'un tel privilège, même dans un cadre strictement honorifique.

Il y avait un autre facteur à l'origine de nos relations personnelles : nous étions tous deux passés par l'Université de Cambridge, où j'avais étudié en 1937 sous la direction de John Maynard Keynes (qui, malheureusement, était malade cette année-là) et où Nehru faisait ses études de premier cycle. Nous étions tous deux associés à Trinity College, où il étudiait et dont je suis ultérieurement devenu membre associé et membre associé honoraire. Nous adhérions également tous deux à la pensée et à l'action de Sidney et Beatrice Webb, de Harold Lanski et de la gauche britannique dans son ensemble. Nehru ne faisait pas mystère de ses antécédents britanniques et de leur influence sur sa pensée politique. Il m'a déjà dit : « Vous vous rendez compte, Galbraith, que je suis le dernier Britannique à gouverner l'Inde. » Au cours d'une visite d'État à Washington, en 1961, il a fait part de son mécontentement amusé en constatant que le sénateur William Fulbright, le secrétaire d'État Dean Rusk et une ou deux autres personnes présentes avaient été des boursiers de Rhodes : « Ces Oxfordiens *(Oxford men)* sont partout. » Puis, arborant un sourire détendu, il a ajouté : « Néanmoins, le monde appartient encore aux Trinitéens *(Trinity men)*. »

Il ne faudrait pas prendre à la légère l'attachement de Nehru au monde universitaire britannique. Au début du siècle, la Grande-Bretagne était le foyer mondial de la pensée socialiste démocratique. Aux yeux de Nehru et de bien d'autres, cette pensée avait valeur de vérité suprême et devait ouvrir la voie à l'avenir politique et économique.

Puisque telle était la bonne voie selon Nehru, elle le deviendrait aussi pour toute l'Inde indépendante. L'économie refléterait ce qu'on appelait le modèle socialiste, le mot « modèle » autorisant ici une certaine latitude dans les choix. Le communisme soviétique avait un caractère totalisant trop prononcé, et il fallait aussi respecter — ce dont on parle moins souvent, hélas — les libertés des citoyens. Mais le capitalisme était tout aussi inacceptable. L'Inde se tiendrait ainsi à l'écart du socialisme de type soviétique, mais elle serait également consciente qu'elle pourrait faire l'objet des visées de l'impérialisme capitaliste. D'ailleurs, c'était précisément l'expérience qu'elle avait vécue avec la Grande-Bretagne. Une solution médiane était donc préférable. Dans les années 1950, un tel brassage d'idées a engendré de multiples débats en Inde, auxquels j'ai souvent participé.

Comme d'autres, j'ai été séduit par l'idée d'instaurer un nouveau système social dans un pays neuf; seul un esprit engourdi aurait réagi autrement. Cependant, j'avais des doutes en ce qui concernait le socialisme, qui se serait bien sûr traduit par la propriété et l'exploitation publiques des entreprises industrielles. Celles-ci auraient facilement pu devenir un prolongement de la bureaucratie gouvernementale et être sujettes à diverses pressions politiques, au favoritisme et à l'inefficacité générale propre aux organismes publics. Dans cette optique, j'ai rédigé un texte mettant en garde contre ce que je qualifiais de « socialisme de bureau de poste », qui a été largement diffusé avant d'être débattu au Parlement indien. L'expression est même passée dans le langage courant. J'ai ensuite pris conscience des effets néfastes de la réglementation gouvernementale. L'encadrement et l'exercice d'un contrôle constituaient la réponse tout indiquée à un capitalisme dominant et débridé et, notamment en ce qui a trait aux investissements étrangers, à la manifestation indéniable d'un impérialisme capitaliste. En pratique, toutefois, de telles réglementations venaient entraver le développement économique et débouchaient sur la création d'une petite industrie nouvelle au sein de laquelle des fonctionnaires, pour reprendre le terme consacré, vendaient les autorisations nécessaires pour entreprendre des travaux ou procéder à des investissements. Lorsque j'étais ambassadeur, au début des années 1960, Milton Friedman, ami de longue date et conservateur farouche, est venu dîner à l'ambassade.

Mon opinion avait suffisamment changé pour que je sois amené à lui dire (ainsi qu'aux autres invités) que l'Inde était l'un des deux pays du monde, avec l'Union soviétique, qui pourraient tirer parti de sa visite.

La recherche d'un modèle d'économie et de société qui ne soit fondé ni sur la seule libre entreprise ni sur un socialisme intégral est demeurée profondément ancrée dans l'esprit de Nehru jusqu'à sa mort, en 1964. Elle ne lui a pas survécu. La libéralisation et l'absence de mesures de contrôle — comme l'obligation d'obtenir des autorisations gouvernementales — sont apparues dans le discours public et, peut-être dans une moindre mesure, sont devenues des réalités.

Ces années ont également été celles de la guerre froide et de la course aux armements, et Nehru y a joué un rôle très important. Fidèle à l'esprit de Gandhi, il est parvenu à s'élever au-dessus de la mêlée, ce qui a suscité des efforts de rapprochement de la part non seulement des États-Unis, mais aussi de l'Union soviétique. Aucun autre dirigeant d'un pays en développement n'a fait l'objet d'une telle attention. Les successeurs de Nehru ont hérité de la même position privilégiée, mais l'ont sabotée avec leur décision absurde, inutile et même catastrophique de procéder à l'essai d'armes nucléaires. L'Inde est alors devenue un figurant dans la course aux armes nucléaires.

Lorsque j'étais ambassadeur, ma collaboration avec Nehru se déroulait sur les plans tant officiel que personnel. Officiellement, il était indispensable de l'assurer que les États-Unis pouvaient constituer un allié sûr de l'Inde et lui apporter une aide généreuse sans nourrir d'ambitions impériales. Il n'a pas été tellement difficile de le convaincre qu'il s'agissait de la position que Kennedy et moi-même défendions réellement. Le problème venait plutôt des traditionalistes au sein du département d'État, qui demeuraient cloîtrés dans la diplomatie militaire de Dulles et recevaient alors l'appui des membres du gouvernement Kennedy qui se qualifiaient eux-mêmes de partisans éclairés de la guerre froide. Il était particulièrement irritant de les entendre préconiser une alliance militaire avec le Pakistan, avec l'envoi d'armes qui en découlerait logiquement : le Pakistan deviendrait un rempart contre l'Armée rouge ! J'ai réussi à atténuer quelque peu l'impression désagréable que laissait une telle proposition, mais il s'est agi là d'un aspect moins plaisant de ma collaboration avec Nehru.

D'autres événements ont davantage procuré matière à réjouissance, comme lorsque Nehru offrait quelques conseils à John F. Kennedy — l'homme d'État plus âgé et plus expérimenté qui s'adresse au jeune président. Ces conseils étaient justes et animés des meilleures intentions. Les propos de Nehru ont eu une importance notable en ce qui concerne Nikita Khrouchtchev, qu'il avait appris à connaître depuis un certain temps. Il tenait à ce que Kennedy sache qu'il n'y avait pas toujours d'équivalence absolue entre ce que disait Khrouchtchev et ce qu'il faisait. Ainsi, comme le dirigeant soviétique se portait vivement à la défense du

Mur de Berlin pendant un séjour en Inde, Nehru lui a fait remarquer qu'il n'avait pas une très bonne opinion du gouvernement est-allemand, que son visiteur protégeait. Khrouchtchev lui a répondu qu'il partageait cette opinion. À la suggestion de Nehru, j'ai transmis l'information à Kennedy juste avant la rencontre américano-soviétique alors prévue.

Il est arrivé à Nehru de formuler quelques critiques à l'égard de propos que j'avais tenus en public. Il avait lu mon ouvrage intitulé *L'Ère de l'opulence* et estimait que j'avais été trop indulgent envers la société que j'y décrivais. Les innovations technologiques ne constituaient pas, contrairement à ce que prétendait le livre, une mesure du progrès humain. À son avis, seules deux inventions modernes avaient nettement contribué au bien-être général : la bicyclette et l'électricité. Dans la Delhi contemporaine, des tonnes d'agents polluants sont déversées chaque jour dans l'atmosphère, provenant surtout de véhicules motorisés. Les embouteillages y sont pires qu'à Manhattan. Nehru a peut-être été plus clairvoyant que je ne l'avais imaginé à l'époque.

Voilà, en partie, ce qu'étaient nos relations officielles. C'est tout au long de nos relations personnelles que j'ai appris à apprécier et, dans une certaine mesure, à comprendre la personnalité de Nehru. Il nous rendait souvent visite et nous faisions de même. Il aimait bien côtoyer Catherine Galbraith et d'autres femmes intelligentes et attachantes. Ce sont ces contacts personnels que je me remémore maintenant avec le plus grand plaisir.

Jawaharlal Nehru était mince et de taille légèrement inférieure à la moyenne. Pourtant, il ne donnait jamais l'impression d'être petit. Il portait un veston de tweed ou de worsted qui montait jusqu'au cou et qui a pris le nom de veston Nehru en raison de l'engouement qu'il a suscité. Issu d'une famille du Cachemire, Nehru avait le teint pâle et aurait facilement pu passer pour un Européen. Plus on descend vers le sud du sous-continent indien, plus ses habitants ont le teint foncé, ce qui s'explique, de l'avis général, par un ensoleillement de plus en plus persistant. La famille de Nehru a occupé une place éminente en Inde. Son père a été un avocat remarquable et l'un des premiers partisans de l'autonomie indienne. La fille de Nehru, Indira, et le fils de celle-ci, Rajiv, lui ont succédé au poste de premier ministre. Sa sœur, Vijaya Lakshmi Pandit, que tous appelaient Nan, a occupé, entre autres postes, ceux d'ambassadrice en Union soviétique et aux États-Unis et celui de présidente de l'Assemblée générale de l'ONU, en plus de faire entendre une voix forte sur une large gamme de questions de politique extérieure. Elle a également été une amie intime de notre famille, tout comme l'est encore le cousin de Nehru, B. K. Nehru, qui a aussi déjà été ambassadeur aux États-Unis et gouverneur du Cachemire.

Jawaharlal Nehru possédait un sens de l'humour tonique et savait l'apprécier chez autrui. J'en ai un exemple à l'esprit. Comme on pouvait s'y attendre, peu d'information en provenance des États-Unis était plus diligemment rapportée dans la presse indienne de l'époque que celle qui se rapportait aux enveloppes budgétaires pour l'aide publique au développement, et notamment au processus menant à leur adoption par le Congrès. À un certain moment, Singh Saund, représentant du sud de la Californie au Congrès, d'origine sikhe, a paralysé l'adoption du projet de loi sur l'aide extérieure à cause d'objectifs politiques personnels. Une grande partie des sommes en jeu devait être versée à l'Inde, et les journaux indiens rapportaient en première page les raisons du délai. Le jour où cette nouvelle a paru dans la presse, Nehru est arrivé en retard à un rendez-vous, en raison de longues négociations relatives à des problèmes persistants au Penjab. Il s'est excusé et, de façon plutôt inhabituelle, a ajouté : « Ces Sikhs [la force dominante au Penjab] sont des gens très difficiles. » J'ai alors attiré son attention sur la une du journal se trouvant sur la table. Il a réagi avec un ravissement sincère : « Un seul Sikh peut paralyser tout le gouvernement des États-Unis. J'en ai quarante millions ici. »

Une autre fois, ma femme et moi avions accueilli chez nous Angie Dickinson, actrice de cinéma et amie de longue date. Remarquable par sa beauté, son intelligence, sa curiosité pour la politique et son charme, elle était alors à l'apogée de sa carrière. Comme tous les visiteurs en Inde, dont j'ai pour la plupart dû refréner l'enthousiasme, elle souhaitait rencontrer Nehru. Un après-midi, j'ai transmis à ce dernier une note dans laquelle je lui demandais si, malgré son emploi du temps, il pouvait quand même consacrer quelques instants à une vedette d'Hollywood qui désirait le rencontrer. Moins d'une heure plus tard, il m'a répondu que, en cas d'urgence absolue, il pouvait toujours se libérer. Pouvais-je amener mon invitée immédiatement ? Je suis allé voir Angie et l'ai accompagnée jusqu'à la résidence du premier ministre, où ils ont conversé durant près de deux heures. Je me rappelle bien l'une des questions que Nehru a posées : « Mademoiselle Dickinson, lorsque vous faites un film, vous passez des mois à étudier et à composer le personnage que vous jouez. Cela n'exerce-t-il pas une influence permanente sur votre propre personnalité ? »

Au grand plaisir de Nehru, Angie a répondu ainsi : « J'espère bien que non, monsieur le premier ministre. Dans mes quatre derniers films, j'ai joué le rôle d'une femme de très mauvaise vie. »

J'ajouterai ici que le sens de l'humour de Nehru le rendait apte à apprécier celui d'autrui, y compris celui de Gandhi. J'ai toujours aimé entendre Nehru raconter l'anecdote suivante au sujet de Lord Irwin à l'époque où il était vice-roi (devenu Lord Halifax, il a ensuite été expédié par Churchill aux États-Unis à titre d'ambassadeur). Comme on pouvait le prévoir, Gandhi et Lord Irwin avaient de sérieuses divergences de vues. Un jour, dans l'ashram de Gandhi, à Ahmedabad, un ami et sympathisant a tenté d'apaiser leur opposition en disant : « Mahatma, vous devez savoir que Lord Irwin ne prend jamais de décision avant d'avoir fait une prière. »

Gandhi a réfléchi quelques minutes puis a dit :

« Dans ce cas, pourquoi pensez-vous que Dieu s'entête à lui donner de mauvais conseils ? »

Les dirigeants politiques doivent habituellement justifier leur action et montrer qu'ils méritent leur notoriété. Nehru ne nourrissait pas le moindre doute sur l'importance de son rôle, non seulement en Inde mais aussi dans le monde. Je l'ai entendu prononcer maints discours et, à plusieurs reprises, prendre la parole au Parlement indien. Son leadership lui apparaissait comme un fait accompli et qui allait de soi. Il n'a jamais sollicité d'appui ; il estimait que cet appui lui était déjà acquis. Il refusait le carcan des idées toutes faites et exposait simplement sa vision personnelle des choses. Voilà, à ses yeux, ce que tous devaient savoir.

Il se trouvait ainsi tout à fait en phase avec ses concitoyens, qui avaient — et ont toujours — un appétit insatiable pour l'art oratoire. Dans les démocraties occidentales, ceux qui écoutent un long discours pensent aux activités plus intéressantes qu'ils pourraient être en train de faire et en attendent la fin avec impatience. En Inde, un discours offre une excellente alternative à l'oisiveté et même à l'ennui profond (les films indiens, souvent consternants, remplissent la même fonction). Par conséquent, plus le discours est long, plus il est apprécié. Cela, Nehru le comprenait très bien.

Lorsqu'il discutait en privé avec des hommes politiques, y compris des ambassadeurs, Nehru se taisait s'il était en désaccord ou s'il n'avait pas d'opinion sur la question abordée. Il gardait simplement le silence. À l'automne de 1961, au cours de la première rencontre officielle Nehru-Kennedy, le président avait abordé de multiples questions, dont la paix avec le Pakistan, une solution pour le Cachemire, un problème lié au développement économique et d'autres questions plus ponctuelles. Nehru n'a presque pas ouvert la bouche. Kennedy en était très troublé et il m'a appelé plus tard pour me faire part de son inquiétude. Je lui ai expliqué de quoi il retournait; la deuxième séance de discussion s'est un peu mieux déroulée.

Je savais à quoi m'attendre dans une telle situation. Cette même année, Lyndon Johnson avait déjà fait le voyage à New Delhi à titre de vice-président. Au cours d'une rencontre avec Nehru ayant duré toute la matinée, celui-ci n'avait pas bronché devant toutes les questions soulevées par Johnson jusqu'à ce que, vers midi, il joigne sa voix à celle de L. B. J. pour exprimer son appui à l'électrification rurale. On m'a ensuite invité à rédiger le communiqué de presse annonçant les progrès accomplis au cours de la rencontre. C'est peut-être à ce moment-là que j'ai découvert mes aptitudes pour la fiction, qui m'ont amené à écrire plusieurs romans, qui ont recueilli quelques suffrages.

Lorsque j'ai quitté l'Inde en 1963 et fait mes adieux à Nehru, il était clair que sa vie, tant physique que politique, arrivait à son terme. La catastrophe qui s'était abattue sur lui à l'automne de 1962 lui était encore plus douloureuse que ses problèmes de santé. Après quelques manœuvres frontalières peu importantes des troupes indiennes, les Chinois ont lancé une offensive d'envergure sur les hauts plateaux du Ladakh, près du Tibet, site des paysages les plus désolants de la planète à l'exception de l'Arctique, et sur le versant sud de l'Himalaya du côté de l'État d'Assam, densément peuplé. La guerre est presque passée inaperçue aux États-Unis et même à Washington, car elle est survenue en même temps que la crise des missiles à Cuba. On m'a alors officiellement confié la tâche d'endiguer cette éruption de la guerre froide en Extrême-Orient, ainsi que l'ont qualifiée le secrétaire d'État, Dean Rusk, et d'autres partisans de ladite guerre froide. J'ai ainsi entretenu des contacts quotidiens, et parfois plusieurs fois par jour, avec Nehru. Il a fallu organiser un pont aérien à partir de l'Europe pour assurer les transports militaires et l'envoi d'armes. Mais il importait surtout de procéder à une réorganisation draconienne de la haute direction de l'armée indienne, en raison de l'incompétence totale des responsables civils et militaires. Et il y avait encore davantage à faire.

Nehru est apparu dépressif tout au long de ces événements. Sa vision d'une Inde à l'abri de tout conflit cruel et inutile s'effondrait. Le pays, et surtout les leaders politiques, commençait à donner l'impression de prendre goût à l'action militaire. C'est précisément à ce moment que les Chinois ont proposé un cessez-le-feu. Je ne pouvais attendre les instructions de Washington et je me suis donc rendu auprès de Nehru pour l'exhorter à accepter une telle offre. Fatigué et démoralisé, il a donné son accord; ces moments ont été les plus difficiles de sa vie.

De l'avis des stratèges du département d'État, toutefois, il fallait profiter de l'occasion, alors que Nehru était faible et démoralisé, pour exercer des pressions sur lui au sujet des revendications pakistanaises contre l'Inde et notamment du statut très litigieux du Cachemire. Au moment même où Nehru devait faire preuve de fermeté, nous nous apprêtions à souligner sa faiblesse et à en tirer parti. Les Britanniques ont aggravé la situation en donnant de la voix et en ajoutant à leur délégation à New Delhi les deux plus fâcheux personnages de la politique extérieure britannique contemporaine, Duncan Sandys, le gendre extraordinairement arrogant de Winston Churchill, et Lord Louis Mountbatten. Le XXe siècle n'offre aucun exemple de politique plus inappropriée et aux conséquences plus désastreuses que celle adoptée par Mountbatten à propos de l'indépendance indienne, qui a abouti à une division du sous-continent en trois pays, marquée par des conflits, des migrations massives et un grand nombre de victimes. Pour notre part, nous ne pouvons que nous féliciter de la participation de Averell Harriman, dont je parlerai davantage plus loin. Il a fait l'objet d'un commentaire mémorable de Nehru : « Je négocierai avec Harriman, car c'est un gentilhomme, mais pas Duncan Sandys, car c'est un goujat. »

Les pourparlers avec le Pakistan se sont étirés sur plusieurs semaines et n'ont abouti à rien. J'y ai pris une part plus active que je n'aurais dû. Une remarque que j'ai faite à l'époque conserve néanmoins encore une certaine actualité : « Compte tenu de l'impasse totale dans laquelle nous nous trouvons, les efforts déployés favorisent non pas la pacification, mais bien une recrudescence des combats[1]. »

C'est au cours de l'été de 1963 que j'ai vu Jawaharlal Nehru pour la dernière fois. Il était las et désabusé ; sa conviction d'être le leader incontesté de tout le peuple indien s'était dissipée. Il est mort un peu plus d'un an plus tard. L'Inde et le monde venaient de perdre un ardent défenseur des principes de respect et de dignité. Je venais de perdre un ami que j'admirais beaucoup.

Le département d'État a dépêché à ses funérailles une délégation dont faisaient partie ceux-là mêmes qui, pressés de fournir des armes au sous-continent, avaient causé le désespoir de Nehru.

---

1. *Journal d'un ambassadeur,* Paris, Denoël, 1970.

11

L. B. J.

Dans ses conversations, qui devaient demeurer secrètes mais qui ont été largement diffusées, tenues à la Maison-Blanche au sujet des diverses mesures contraires au bon sens et à l'intérêt public qu'il préconisait instamment, Richard Nixon se désignait souvent lui-même par ses initiales, R. N. Ce faisant, il espérait s'inscrire dans l'histoire à côté de F. D. R., de J. F. K. et de L. B. J. Mais tous ses efforts ont été vains, peut-être parce que l'initiale intermédiaire de son nom n'était pas euphonique. Le M, pour Milhous, produisait plutôt un effet inélégant. Plus important encore, être connu par ses initiales constitue une marque d'affection. Voilà quelque chose que Nixon n'a jamais obtenu, loin de là.

Par contre, les initiales L. B. J. sont parmi les mieux connues des temps modernes. C'est ainsi qu'on appelait Lyndon Baines Johnson. La bibliothèque et le centre éducatif qui ont été créés pour honorer sa mémoire à l'Université du Texas sont rarement désignés par leur nom complet; on parle généralement de la bibliothèque L. B. J. et de l'école L. B. J.

En politique, on opère très facilement la distinction entre l'homme ou la femme qui se fait élire pour le plaisir de la chose et celui ou celle qui considère l'exercice du pouvoir comme un moyen d'action, une manière d'amener des changements utiles. Le premier est oublié, alors que le second passe à l'histoire. Ces dernières années, George Bush, s'inscrivant dans une tradition qui remonte au moins à Calvin Coolidge, a compté parmi ceux dont la principale motivation résidait dans le plaisir d'occuper des fonctions importantes. Cela était reconnu, et Bush a été relégué aux oubliettes. Lyndon Johnson, ou L. B. J., se situait à l'autre extrémité du spectre des motivations : l'exercice du pouvoir, bien que fort agréable, ne lui importait qu'en raison de ce qu'il pourrait accomplir. Kennedy a toujours exercé moins de pouvoir dans la poursuite de ses objectifs que ce que sa position et sa personnalité lui auraient permis; à l'opposé, Johnson a en toujours exercé davantage.

L. B. J. avait tendance à saisir fermement la personne à qui il voulait donner des instructions, et même à la secouer légèrement, tandis qu'il l'informait de ce qu'elle devait faire et du moment opportun pour le faire. La seule porte de sortie résidait dans l'acquiescement. Il s'agissait d'une manifestation symbolique, à l'échelle personnelle, des rapports que Johnson établissait avec le Congrès et même avec l'électorat dans son ensemble. En toile de fond se profilaient l'engagement de Lyndon Johnson en faveur du bien public et sa conviction — en fait, sa foi — selon laquelle le gouvernement devait le placer au centre de ses préoccupations. Toutefois, cette conviction portait presque exclusivement sur les questions de politique intérieure. Elle était moins prononcée en ce qui concernait le rôle dévolu aux États-Unis au-delà de leurs frontières. Il était par conséquent en position de vulnérabilité face aux conseils les plus funestes jamais donnés à un président américain en matière de politique extérieure et militaire. C'est là qu'est survenu le véritable drame pour Lyndon Baines Johnson.

L'assurance dont faisait preuve Johnson en matière de politique intérieure résultait tant de ses antécédents personnels que de sa carrière politique. Johnson était issu d'une famille texane aux revenus et aux aspirations modestes. Il n'a pas souffert de privations dans son enfance, mais n'a jamais minimisé non plus l'expérience de la pauvreté qu'il a alors vécue. Il était diplômé d'une petite université peu connue du sud-ouest des États-Unis et avait entamé sa vie publique à un poste de responsable local de l'Administration nationale pour la jeunesse *(National Youth Administration)* du Texas. Cet organisme était notamment chargé de procurer du travail et des revenus aux démunis, et c'est en son sein que Johnson a pu concrétiser son engagement, qui allait durer toute sa vie, pour les défavorisés. Comme il l'avait prévu, il a toujours été le candidat des pauvres. Il en était ainsi lorsqu'il a été élu au Congrès, puis lorsqu'il est devenu vice-président et ensuite président. Son jugement sur ces questions était sûr et rigoureux. Sur la scène mondiale, il acceptait les avis que lui donnaient ses conseillers. Il se fiait à eux — erreur lourde de conséquences.

Comme je l'ai raconté précédemment, j'ai fait la connaissance de Lyndon Johnson au début des années 1940. Nous étions des progressistes rooseveltiens, nous avions la trentaine et travaillions tous deux à Washington : il siégeait au Congrès et j'étais vice-directeur du Bureau de la gestion des prix. L'une de nos premières rencontres, sinon la toute première, a eu lieu au domicile de Clifford Durr, en Virginie. Avocat très réputé, Durr avait été à l'emploi de plusieurs organismes relevant du New Deal. Sa femme Virginia, une personne très active, et lui provenaient de l'Alabama ; ils étaient des défenseurs passionnés des droits civiques, et ce sentiment profond, mais exceptionnel dans le Sud du pays, avait été acquis au cours des années qu'ils y avaient passées. Dans les années qui ont suivi, les médias et l'électorat ont exprimé une certaine surprise de voir L. B. J., un Texan, mener la bataille pour le droit de vote et contre les diverses formes de ségrégation et de discrimination raciales. Connaissant son amitié avec le couple Durr et ayant en mémoire nos discussions antérieures, cela ne m'étonnait en rien.

Au fil des ans, j'ai vu Johnson dans des réceptions à Washington, au Capitole, sur son ranch texan, à la vice-présidence puis au Bureau ovale. La présidence de Roosevelt et celle de Kennedy ont été marquées par l'action d'un fort contingent d'universitaires de l'Est au sein des milieux gouvernementaux de Washington. À l'instar de Roosevelt et de Kennedy eux-mêmes, bon nombre de ceux-ci étaient passés par Harvard. Johnson a toujours été légèrement mal à l'aise en leur présence. J'appartenais à ce groupe, mais, comme je l'ai déjà dit, je m'étais beaucoup occupé des questions touchant l'agriculture. J'avais entamé ma carrière universitaire en tant que spécialiste de ces questions ; en outre, j'étais né et j'avais été élevé en milieu rural. Cela me conférait, aux yeux de Johnson, un statut que ne possédaient pas mes collègues d'université : nous étions tous deux fils d'agriculteurs.

Pour les besoins de la cause, j'ai parfois dû jouer un peu la comédie. À l'époque où il était chef de la majorité au Sénat et qu'il se rétablissait de sa première crise cardiaque, Lyndon, comme je l'appelais alors, m'a invité à la chasse à la tourterelle dans une région vallonnée du Texas. La journée était magnifique. Nous nous déplacions chacun dans notre jeep. J'étais handicapé par le fait que j'avais rarement tiré sur une cible fixe et jamais sur un oiseau en vol. Apercevant une tourterelle, j'ai pointé le fusil plus ou moins dans sa direction, j'ai fermé les yeux et j'ai appuyé sur la détente. Il va sans dire que l'oiseau a eu la vie sauve, comme c'est souvent le cas, fort heureusement pour les tourterelles. Sur le chemin du retour, Lyndon a préféré me laisser croire qu'il n'avait pas remarqué mon subterfuge.

Toute manœuvre que je pouvais tenter était bien banale toutefois à côté de celles de Johnson. Dans ce domaine, il était imbattable. Je me souviens clairement de cette journée du début des années 1960 où je rentrais de l'Inde pour un bref séjour : je devais me rendre au Capitole pour aller témoigner devant un quelconque comité. Plus tard, j'ai croisé Johnson près du bureau de la vice-présidence et il m'y a invité pour discuter de choses et d'autres. Tout vice-président doit se résoudre à subir de fréquentes périodes d'oisiveté, comme ce fut le cas de L. B. J. sous la présidence de Kennedy. Évoquant quelques souvenirs, je lui ai demandé de me raconter quelle avait été la vie d'un sénateur du Texas qui devait affronter les assauts du lobby pétrolier texan. Les producteurs de pétrole indépendants n'avaient reculé devant aucun moyen pour exercer des pressions sur moi quand j'étais responsable de l'établissement des prix. Je lui ai demandé s'il connaissait un lobbyiste exceptionnellement rapace dont j'ai oublié le nom depuis longtemps.

« Si je connais ce salaud ?, a répondu L. B. J. à sa manière typique. Un jour, il est venu dans mon bureau et m'a dit : "Sénateur, la prochaine élection s'annonce difficile. Si vous pouvez faire campagne pour certaines mesures comme la déduction pour épuisement [des gisements], nous verserons une contribution de dix mille dollars à votre campagne."

« Tu peux t'imaginer que je lui ai dit son fait. "Vous ne pouvez pas vous pointer dans le bureau d'un sénateur des États-Unis et lui parler de cette façon-là."

« Il n'a même pas reculé. "Ça pourrait être cinquante mille."

« Je n'en revenais pas. Je lui ai fait remarquer qu'il parlait ni plus ni moins d'un pot-de-vin.

« Sans changer d'attitude, il m'a alors dit : "Sénateur, vous êtes au bon poste, vous avez l'expérience qu'il faut, vous disposez de l'influence. Que dites-vous de cent mille ?"

« J'en avais assez, Ken. J'ai appelé Walter Jenkins [adjoint de longue date de Johnson]. Il l'a pris par un bras, je l'ai pris par l'autre et on a sorti ce gars-là de mon bureau. Et je lui ai dit : "Ne remets plus les pieds ici, espèce de salaud, tu t'approches dangereusement de mon prix." »

Sans doute rien de tel n'est jamais arrivé. Là comme ailleurs, Johnson était passé maître dans le recours à la fiction et dans l'utilisation inspirée de métaphores pour décrire une réalité. Quand on lui a suggéré de faire appel à un ancien collègue du Sénat pour faciliter l'adoption d'un important projet de loi, sa réplique a fait le tour de Washington : « Ce gars-là facilite l'action politique autant qu'une ceinture de chasteté stimule une envie de baiser. »

Il m'a offert un autre exemple particulièrement mémorable de ce don pour la métaphore, un jour d'été au milieu des années 1960, alors que nous nous étions déjà brouillés au sujet du Vietnam. Le téléphone sonne à notre résidence au Vermont : « Tout le monde ici est épuisé, me dit Johnson. J'ai quelques discours à prononcer bientôt. Oublions ces problèmes internationaux et viens me donner un coup de main. » J'ai accepté et il a envoyé un avion à Keene, au New Hampshire, pour que j'arrive rapidement à Washington. Une fois à la Maison-Blanche, j'ai travaillé tout un après-midi dans le bureau de son adjoint, Jack Valenti, situé à côté du Bureau ovale (dans ses mémoires, Valenti a également raconté l'anecdote). L'un des discours était sans importance : il s'agissait d'un exercice protocolaire en vue d'un événement à caractère diplomatique. L'autre discours consistait en une importante déclaration de politique économique et sociale. J'ai rédigé ce discours en y exposant les convictions de Johnson, selon ce que j'en savais, et toutes mes convictions personnelles que je croyais pouvoir lui faire accepter, et en formulant le tout de manière à faire passer efficacement le message.

J'avais terminé ma tâche à la fin de l'après-midi. Johnson est entré dans le bureau où je me trouvais, a posé le pied sur une chaise, a jeté un coup d'œil sur le discours sans importance avant de le mettre de côté et s'est mis à examiner le second texte. Il hochait la tête en souriant. Je me réjouissais de voir que ce discours lui plaisait. Après avoir lu le texte, il m'a dit : « Ken, tu m'as sauvé la vie. C'est exactement ce que je veux dire. Je ne vais pas en changer un seul mot. » Voilà la marque d'une grande confiance en soi. Très nombreux sont ceux qui réagiraient plutôt ainsi : « C'est très bien ; je n'y apporterai que quelques modifications. »

Le visage de Johnson s'est ensuite assombri. « C'est bien, mais nous serons les seuls à le penser. As-tu déjà remarqué, Ken, que faire un discours sur des questions économiques ressemble beaucoup à pisser contre sa jambe ? Ça procure une sensation de chaleur à celui qui le fait, mais à personne d'autre. »

Depuis, je n'ai jamais prononcé un discours sur des questions économiques sans avoir en tête cette métaphore.

Une autre anecdote au sujet de L. B. J. m'est restée en mémoire. Un soir, peu après la grande victoire contre Goldwater en 1964, je rentre chez moi à la fin d'une journée exceptionnellement longue à l'université. Nous devions sortir en soirée. J'ai demandé à Emily Gloria Wilson, petite, intelligente, noire, très dévouée à nos enfants, et femme de ménage chez nous pendant quarante années de loyaux services, d'intercepter tous les appels téléphoniques, car je voulais me reposer. Quelques minutes plus tard, le téléphone a sonné. Fidèle à son habitude, L. B. J. était en personne à l'autre bout du fil.

« C'est Lyndon Johnson. Passez-moi Ken Galbraith. Je veux lui parler. »

« Il se repose, monsieur le président. »

« Eh bien, allez le chercher. Il faut que je lui parle. »

« Désolé, mais je ne peux pas. Je travaille pour lui, pas pour vous, monsieur le président. »

Lorsque, à mon réveil, j'ai été informé de ce qui s'était passé, je n'étais pas très content. J'ai rapidement retourné l'appel afin de m'excuser. L. B. J. m'offre alors du meilleur Johnson : « Qui est cette femme qui travaille pour toi ? Il me la faut ici, à la Maison-Blanche. »

Nous avons été brièvement en contact en une autre occasion, malgré nos divergences de vues au sujet de la guerre du Vietnam. Il est d'ailleurs bien possible que l'histoire de la Grèce en ait été modifiée. J'ai souvent relaté l'événement en question, tout comme son protagoniste principal, Andreas Papandreou, qui, par la suite, a été pendant de nombreuses années soit le premier ministre de Grèce, soit le plus sérieux candidat à ce poste.

Le soir du 21 avril 1967, on a su ou, du moins, on a eu l'impression que Papandreou, détenu en prison, allait être exécuté par le régime des colonels qui avait pris le pouvoir en Grèce, auquel il s'opposait avec vigueur et efficacité. Papandreou était diplômé de Harvard en économie et y avait enseigné, ainsi qu'à l'Université du Minnesota, à l'Université Northwestern et à l'Université de Californie à Berkeley, dont il avait dirigé le département d'études économiques. En raison de ce qui se passait à Athènes, j'étais inquiet, tout comme ses amis partout aux États-Unis.

Mon téléphone n'a pas cessé de sonner pendant tout le début de la soirée. Mon amitié pour Lyndon Johnson était bien connue et notre différend au sujet du Vietnam n'était pas encore de notoriété publique. Vers minuit, je me suis dit que je devais faire quelque chose. J'ai appelé Joe Califano, principal adjoint de Johnson à la Maison-Blanche, et il m'a informé que le président, qui s'apprêtait à se rendre aux funérailles du chancelier Adenauer, se trouvait encore en compagnie de visiteurs. Califano a pris quelques notes avant de se rendre auprès de Johnson; je n'avais pas oublié de mentionner le nom et les fonctions de ceux qui m'avaient appelé. Un peu rassuré, je suis allé me coucher.

Mon téléphone a sonné une dernière fois ce jour-là : c'était Nicholas Katzenbach, sous-secrétaire d'État à l'époque. Ne cachant pas son plaisir, il m'a lu le texte d'un message qu'il venait de recevoir de la Maison-Blanche : « Appelez Ken Galbraith et dites-lui que j'ai dit à ces salauds de Grecs de ficher la paix à ce fils de p… — je ne sais plus qui exactement. »

Je me suis levé pour appeler ceux qui avaient sollicité mon intervention et pour leur lire le message de Johnson. Quelqu'un l'a fait parvenir à *Newsweek,* qui en a publié une version légèrement expurgée. Ayant reçu d'un visiteur dans sa cellule un exemplaire de cette revue, Andreas Papandreou a ainsi appris que sa situation venait de s'améliorer notablement. Peu après, il a été libéré et expulsé de Grèce. Après avoir enseigné plusieurs années au Canada, il est retourné dans sa patrie où, pour le meilleur et parfois pour le pire, il a dominé la vie politique pendant de nombreuses années.

Quelques années auparavant, le 23 novembre 1963, à Washington, j'avais pris part avec beaucoup de chagrin, comme je l'ai dit précédemment, à l'organisation des funérailles de J. F. K. En marchant de la

Maison-Blanche à l'édifice adjacent ayant déjà abrité le département d'État, j'ai croisé L. B. J., qui entamait sa première journée complète à titre de président. Il m'a pris par le bras et m'a conduit dans la résidence du vice-président, qu'il occupait encore. Il m'a fait part de sa volonté de légiférer en matière de droits civiques, qui constituaient la question politique la plus controversée au pays, de même que son engagement envers Medicare, Medicaid et, plus globalement, envers une réforme des programmes sociaux. J'ai exprimé une inquiétude plus profonde quant au programme préconisé par les partisans de la guerre froide, y compris à propos du Vietnam. Il n'a pas dit grand-chose à ce sujet. Cette demi-heure m'a donné un léger aperçu de ce que serait le drame de Johnson. Un homme doté d'une vision et d'un programme humanistes, astucieux et pragmatiques sur les questions sociales d'ordre domestique allait être détruit par une politique extérieure et militaire pour laquelle il ne possédait ni l'expérience, ni la motivation, ni la confiance en soi nécessaires. Il a plutôt confié ces questions à ceux dont les conseils et leur mise en œuvre allaient ruiner sa carrière et, ultérieurement, abréger sa vie.

J'ai été associé plus étroitement que beaucoup d'autres à cette tranche d'histoire. En décembre 1963, j'ai prononcé un discours à Washington dans lequel je déplorais la persistance de la pauvreté dans les grandes villes, sur le plateau appalachien et dans le Sud rural. Le moment était venu d'apporter un soutien ferme aux pauvres. Contrairement à la vaste majorité des discours politiques, celui-là a débouché sur une action concrète. L. B. J. a pris connaissance du texte et m'a convoqué à la Maison-Blanche. Le moment était effectivement venu, m'a-t-il dit, de déclarer la guerre à la pauvreté; nous devions élaborer un programme précis. Il m'a demandé de m'associer à Sargent Shriver, directeur du Corps des volontaires de la paix *(Peace Corps),* et à quelques autres en vue d'atteindre cet objectif.

Dans ce genre de situation, on court toujours le risque d'exagérer le rôle qu'on a joué. Il est évident qu'on est mieux informé sur ce qu'on a accompli soi-même que sur les intentions et les actions d'autrui. Quoi qu'il en soit, j'ai acquis, à cette époque et au cours des années qui ont suivi, une connaissance directe du programme de lutte contre la pauvreté établi par Johnson. Dès l'adoption de la loi définissant ce programme, j'ai été officiellement nommé au sein de son comité d'orientation. J'y suis resté jusqu'à ce que Lyndon Johnson mette fin à mes fonctions en raison de mon opposition de plus en plus virulente à la guerre du Vietnam. Pour être sûr d'être bien compris, il a pris soin de me remplacer par un autre professeur d'économie qui enseignait à Harvard.

Contrairement à la politique très efficace en matière de droits civiques qu'a appliquée Johnson, la guerre contre la pauvreté n'a pas donné de résultats tangibles. Elle a permis de mener à bien des initiatives très utiles : la mise sur pied du Corps des volontaires pour l'emploi *(Job Corps),* qui offrait une formation professionnelle aux jeunes, du Corps des volontaires de l'enseignement *(Teachers Corps)*, actif dans les districts défavorisés sur le plan scolaire, et du très fructueux programme Bon Départ *(Head Start)* destiné aux enfants en bas âge. C'est aussi à cette époque qu'ont été créés les Programmes d'action communautaire *(Community Action Programs)*, fidèles reflets de la tendance, quand on ne sait pas très bien quoi faire, à refiler les responsabilités aux acteurs locaux.

Cependant, la lutte contre la pauvreté ne corrigeait en rien la plus importante faille structurelle de la société américaine. Presque tous les débats sur la pauvreté éludent cette réalité fondamentale.

La cause universelle de la pauvreté, c'est le manque d'argent. Et l'argent, c'est-à-dire un filet de protection sociale mettant tous les individus à l'abri du besoin, constitue le remède infaillible — en fait, le seul remède efficace. Un pays riche a les moyens d'offrir à ses citoyens un revenu minimal leur permettant de demeurer au-dessus du seuil de la pauvreté. Cela, de même que des logements à loyer modique, est essentiel. Pourtant, rien d'autre ne fait l'objet d'une résistance aussi vive. Il faut accepter que des abus seront commis, c'est-à-dire que certains pauvres voudront s'offrir des loisirs. Les loisirs constituent une chose tolérable et souvent bénéfique pour les familles riches, et même pour les professeurs d'université. Jamais pour les pauvres : il faut les obliger à travailler. La guerre contre la pauvreté a donné de bons résultats, mais elle a laissé dans l'ombre la solution la plus fondamentale au problème.

La guerre du Vietnam a mis un terme aux préoccupations de Johnson pour les pauvres et a concentré sur elle les principaux efforts et la plupart des ressources financières du pays. Si les conservateurs avaient voulu concocter un plan pour paralyser une action et un progrès sociaux non désirés, ils n'en auraient pas trouvé de meilleur. Cette guerre a aussi monopolisé l'action politique progressiste, qui était dorénavant axée sur une opposition vigoureuse à notre présence là-bas.

Je tiens à reformuler le problème fondamental : la confiance en soi que Johnson possédait et manifestait en matière de programmes sociaux disparaissait dès qu'il était question de politique extérieure et d'aventures militaires. Ce manque de confiance était comblé par les généraux et par les civils de l'entourage du président. La réaction de l'armée était peut-être inévitable ; celle-ci n'est pas portée à minimiser son rôle. Puisqu'elle possède les armes, elle trouve toute solution dans leur utilisation. Lorsque, dès le début du conflit, j'ai appelé L. B. J. à cesser tout engagement au Vietnam, il m'a répondu sèchement que je devrais me réjouir de la façon dont il refrénait les généraux : « Tu ne saurais imaginer ce qu'ils feraient si je les laissais faire. »

Ce sont toutefois les conseillers civils du président qui portent l'odieux de la guerre du Vietnam. Deux facteurs déterminants étaient à l'œuvre. Il y a d'abord eu la mentalité engendrée par la guerre froide, en vertu de laquelle s'est répandue, avec la puissance d'une foi religieuse, la conviction que le communisme représentait une force mondiale unie. Longtemps après que le schisme entre Moscou et Pékin était devenu manifeste, Dean Rusk, alors secrétaire d'État, continuait d'affirmer le plus sérieusement du monde que la seule différence entre les Soviétiques et les Chinois résidait dans la façon dont ils souhaitaient détruire la démocratie. Ce n'était pas le capitalisme qu'on rejetait, mais toujours la démocratie. S'ils voulaient protéger la démocratie, les progressistes comme les conservateurs devaient agir en conséquence.

Tout aussi importante était l'étrange satisfaction que les civils retiraient des décisions de nature militaire qu'ils prenaient, c'est-à-dire lorsqu'ils voulaient montrer, comme je l'ai dit ailleurs, que des universitaires et des intellectuels pouvaient tenir un discours aussi belliqueux que celui de n'importe quel militaire. Un tel sentiment d'émulation, palpable durant toute la guerre du Vietnam, a été avivé par le fait que certains des responsables politiques les plus influents avaient été officiers subalternes durant la Seconde Guerre mondiale. Après avoir obéi aux ordres, c'était leur tour d'en donner. Ils commandaient, maintenant.

J'ai moi-même côtoyé des militaires un certain temps mais, heureusement peut-être, ils ont produit sur moi un effet opposé. Pendant mes années de guerre à Washington, j'ai eu des contacts suivis avec la haute hiérarchie militaire. Nous établissions le prix des produits servant à la fabrication d'armes ou à d'autres fins militaires. En 1945, comme je l'ai déjà raconté, j'étais également directeur de l'Étude sur les bombardements stratégiques effectués par les États-Unis *(United States*

Strategic Bombing Survey), qui visait à déterminer l'incidence des bombardements alliés sur l'effort de guerre allemand. À ces deux postes, j'ai pu constater le caractère parfois futile d'un grand nombre de décisions militaires, tout comme l'a fait George Ball, sous-secrétaire d'État durant la présidence de Kennedy et de Johnson et directeur de l'Étude lui aussi. Nous avons tous deux mis en doute l'avantage dont les États-Unis se targuaient de disposer en raison de leur quasi-monopole de la puissance aérienne.

Comme le montrera le chapitre suivant, Ball a maintenu son opposition au sein du gouvernement tout au long des années 1960. Il parlait, mais on ne l'écoutait pas. Pour ma part, j'avais déjà été tout simplement exclu. Lorsque mon opinion sur la guerre du Vietnam a été connue, la décision a été prise : « Ken n'est plus utile. »

Comme je l'ai dit, j'ai revu périodiquement Johnson jusqu'au milieu des années 1960 pour lui exposer mon point de vue. J'ai également tenté de convaincre Robert McNamara, au Pentagone, et McGeorge Bundy, à la Maison-Blanche, tous deux disposés à écouter une opinion dissidente. J'ai toutefois fini par conclure que je ne flattais ainsi que ma bonne conscience sans obtenir de résultat tangible. Il fallait prendre position publiquement et faire de la guerre une question politique. C'est ce que j'ai fait en appuyant la campagne présidentielle du sénateur Eugene McCarthy. Mes divergences de vues avec L. B. J. étaient devenues irrémédiables. Je ne l'ai jamais revu.

12

Bowles, Ball, Harriman et la tyrannie des politiques établies

Chester Bowles, George Ball et Averell Harriman comptaient parmi les amis les plus proches que j'aie eus en politique. Lorsque Bowles et Ball sont décédés, j'ai prononcé leur oraison funèbre. Au grand rassemblement organisé à New York en l'honneur de Harriman, j'étais responsable de l'accueil et j'en ai profité pour asseoir un ou deux des mandarins de la politique extérieure qu'il détestait le plus en compagnie des domestiques. Malheureusement, ils n'ont pas semblé le remarquer.

Deux motivations également importantes sont à l'origine du rôle que ces trois hommes ont joué en politique extérieure : leur attachement à leur pays et à ses relations avec le monde, ainsi que l'ennui qu'ils éprouvaient à l'égard de toute autre activité ou inactivité. Leur choix a été facilité par le fait qu'ils disposaient tous de ressources financières et de revenus abondants, voire très abondants. Bowles était le cofondateur de la vénérable agence de publicité Benton and Bowles, d'où provenait l'assise financière dont il a bénéficié pendant les années de guerre passées à Washington. Il y a occupé les fonctions de principal responsable des prix, du rationnement et du contrôle des loyers, puis de gouverneur du Connecticut et de représentant au Congrès, avant d'accéder au poste qui lui a procuré par deux fois sa plus grande satisfaction, soit celui d'ambassadeur en Inde.

George Ball, confortablement installé dans l'héritage paternel de la Standard Oil, a pu se permettre de quitter son bureau d'avocats de Chicago et d'entamer sa carrière politique comme avocat au service du New Deal. Il est ensuite devenu sous-secrétaire d'État et, pour une très brève période, ambassadeur auprès de l'ONU.

Harriman, le plus riche des trois, a hérité de l'opulence de son père, E. H. Harriman, magnat des chemins de fer ou, pour employer la terminologie de l'époque, capitaliste exploiteur. Le jeune Harriman avait d'abord tenté sa chance dans le domaine ferroviaire et dans les milieux financiers, avant de se lancer en politique et de devenir gouverneur de l'État de New York. Mais ce sont ses séjours à Moscou et à Londres pendant la Seconde Guerre mondiale, sur lesquels je reviendrai plus loin, qui lui ont véritablement apporté un sentiment d'épanouissement profond, sur les plans tant personnel que politique. Par la suite, il ne se sentait heureux que lorsqu'il avait des problèmes de politique extérieure à régler. Cela n'a pas peu contribué à atténuer l'influence qu'il pouvait exercer, car ses collaborateurs ne savaient que trop bien qu'il ne serait jamais vraiment tenté de démissionner ou de manifester publiquement toute divergence de vues.

Harriman avait la merveilleuse habitude d'écouter, de poser des questions et de n'exprimer que rarement une position personnelle. Tous ceux qui avaient de l'information à lui transmettre étaient impressionnés par son intelligence et sa capacité d'écouter avec une attention totale les conseils éclairés qu'il recevait.

Longtemps je n'ai pas eu à me soucier de trouver un hôtel à Washington, car j'étais toujours accueilli à bras ouverts, comme l'a été ma femme plus d'une fois, par les Harriman dans leur magnifique résidence de Georgetown, tout près des sphères gouvernementales, du département d'État et du quartier de Foggy Bottom.

Les trois hommes avaient des champs d'intérêt assez semblables. Tous trois, et surtout Ball, s'opposaient à un engagement américain au Vietnam. Tous trois, et surtout Bowles, étaient désireux d'aider les pays sous-développés. Tous trois, et surtout Harriman, rejetaient les thèses défendues par les partisans de la guerre froide et préconisaient le maintien de relations pacifiques avec l'Union soviétique, sans pour autant négliger les problèmes qui pouvaient en découler. Tous trois s'opposaient à ce que les alliances militaires avec les pays pauvres, parfois avec les plus pauvres d'entre eux, et leur approvisionnement en armes servent de moyens de défense éventuels contre le communisme et l'Armée rouge.

Tous trois, comme moi-même, se sont heurtés à un facteur essentiel de la politique extérieure des États-Unis, à savoir sa rigidité institutionnelle, qui la maintient fermement sur sa lancée même lorsqu'elle est clairement erronée. C'est ce qui s'est produit dans les cas du Vietnam, comme on le reconnaît maintenant, desdites alliances militaires avec les pays pauvres, de l'élargissement inutile de l'OTAN et du maintien des sanctions commerciales et autres contre Cuba. C'est aussi ce qui explique, à l'heure actuelle, l'indifférence qui a accueilli les signes d'ouverture qui apparaissent maintenant en Iran. Cette rigidité, avec son fort penchant à l'erreur, a prédominé dans le passé et prévaut encore aujourd'hui. C'est pourquoi je vais m'y attarder davantage, car elle a sensiblement entravé l'action déployée par les trois hommes dont il est principalement question ici.

Le rôle dévolu aux organismes gouvernementaux aux États-Unis consiste essentiellement à offrir des services publics et à appliquer des lois. Ces services peuvent être de bonne ou de mauvaise qualité, mais ils s'inscrivent toujours dans un cadre clairement défini et sont prodigués avec une certaine transparence. C'est ce principe qui inspire l'action menée par le ministère de la Justice, le ministère de l'Agriculture, le ministère du Commerce, le Bureau des brevets, etc.

En revanche, le département d'État gère des politiques qui ne sont généralement pas définies en vertu de lois, mais qui résultent plutôt d'une pratique bien établie. Ainsi, pendant la guerre froide, il y avait bien peu de lois précises pour stipuler quelles mesures il fallait prendre à l'égard de l'Union soviétique ou de tout autre pays où le communisme était perçu comme une menace. Il existait en lieu et place une politique générale tacite qui s'était muée en une approche ferme et même militante à l'époque de Dulles. Tout discours et toute action devaient se soumettre à cette politique. Les convictions personnelles de chacun devaient aussi s'y conformer ; celui qui professait la dissidence n'aurait pu jouir de la confiance de son employeur ni être en paix avec lui-même.

C'est ce qui prévaut généralement encore aujourd'hui en matière de politique extérieure. Celui ou celle qui accepte pleinement cette politique et qui y croit est considéré comme un bon soldat. Ou comme un bon gestionnaire. L'application de la politique extérieure relève ainsi beaucoup de la profession de foi. Un engagement de ce type n'est jamais total ; certains parviennent à maintenir leur indépendance d'esprit. Mais ils risquent alors de ne plus être jugés dignes de confiance — comme l'indique l'expression couramment employée au département d'État et que j'ai utilisée précédemment, ils cessent d'être « utiles ». Mais la règle générale est celle de l'acceptation.

Autre conséquence : ce credo une fois établi, il devient difficile, voire impossible, de le modifier. Il faut y être fidèle. Il faut accepter la politique à l'égard de Cuba, aussi invraisemblable et caduque qu'elle apparaisse en pratique. Rien ne caractérise mieux la politique extérieure américaine depuis la Seconde Guerre mondiale que sa rigidité absolue lorsque deviennent manifestes toute erreur de conception ou la nécessité de la modifier.

Chacun le sait, ce sont les pays communistes comme l'Union soviétique et, dans une moindre mesure, la Chine qui ont constitué le facteur le plus important dans l'orientation de la politique extérieure à cette époque. On peut le comprendre dans le cas de l'Union soviétique, qui représentait clairement une puissance mondiale. Moins compréhensible a été la confiance excessive qu'on a accordée aux arsenaux et notamment aux armes de destruction massive, dont l'utilisation aurait pu signifier la fin de toute civilisation.

Par contre, il est tout à fait incompréhensible qu'on ait soutenu la thèse selon laquelle le tiers-monde, c'est-à-dire l'Afrique, l'Asie, l'Amérique centrale et l'Amérique du Sud, ait été vulnérable face au communisme de type soviétique (et même chinois). Il en est résulté une série d'alliances politiques et militaires, soit avec des pays pauvres, tels que l'OTASE et le CENTO, soit avec des pays riches, telle l'ANZUS. Aucun gouvernement non communiste, si incompétent, dictatorial ou corrompu fût-il, n'était indigne de devenir notre allié ou de recevoir notre appui officiel. La CIA a aussi été appelée à venir en aide à tout mouvement politique anticommuniste, ou simplement non communiste.

L'impossibilité que le communisme puisse s'implanter dans un pays qui n'avait jamais connu le capitalisme échappait complètement aux défenseurs de la politique officielle. C'est de loin ce qui a constitué notre plus grave erreur à propos du Vietnam, ainsi que je l'ai souvent répété sans grand succès. Au fin fond de la jungle et dans les villages épars du Vietnam, ou même dans le delta du Mékong, le communisme en tant que système économique était totalement inapplicable. Le socialisme peut parfois être une solution de rechange au capitalisme, mais pas dans le cas d'une économie strictement rurale. Personne ne l'a d'ailleurs mieux démontré que Marx. De même, il était tout autant improbable que le communisme florisse dans le chaos des villes vietnamiennes.

À Washington, pourtant, on faisait circuler avec conviction la thèse de l'avènement d'un État communiste prospère au Vietnam, qui deviendrait alors un modèle pour tous les autres pays de l'Asie du Sud-Est et même, chez certains tenants d'hypothèses plus incohérentes, pour l'Inde. C'est ce qu'on dénommait plus couramment la théorie des dominos. Jamais un si grand nombre de personnes censément intelligentes ne se sont fourvoyées à ce point. La suite des événements au Vietnam a certes montré que des communistes pouvaient gouverner, mais aussi qu'ils étaient incapables de maintenir en place un système communiste.

Comme je l'ai souvent mentionné, j'avais acquis sur place une connaissance de cette région du monde et je répétais inlassablement qu'il était impossible d'y appliquer le communisme en tant que système économique et social. Mais les responsables américains, y compris certains universitaires, refusaient d'entendre toute voix qui osait remettre en question l'avenir qu'ils prédisaient au communisme (les communistes eux-mêmes n'étaient pas aussi profondément convaincus de leur succès éventuel). Telle était la politique établie à ce sujet.

Que des gouvernements incompétents et corrompus dans les pays pauvres puissent se révéler socialement et politiquement plus nuisibles que toute menace communiste était également contraire aux principes établis. De façon analogue, on voyait, tout en refusant de l'admettre, qu'une présence américaine, notamment dans un rôle militaire, pouvait être considérée comme une forme d'impérialisme nouvelle et malvenue.

Tels étaient la politique officielle que défendait le département d'État lorsque John F. Kennedy a accédé à la présidence en 1961. Ils n'ont pas changé ; étant donné les fondements de la politique extérieure que je viens de décrire, celle-ci avait acquis une force d'inertie. Dean Rusk, nouveau secrétaire d'État mais vieil habitué de la politique extérieure, ne pouvait même imaginer d'y apporter le plus minime des changements. À ses yeux, tant la menace mondiale issue du communisme que le système des alliances militaires étaient paroles d'évangile. La menace du communisme, et non la désorganisation gouvernementale et la pauvreté bien réelles qui régnaient dans certains pays, avait valeur de foi révélée.

La défaite du communisme et son éradication formaient l'objectif central et même unique de notre politique extérieure. C'est aussi ce que croyaient, avec peut-être moins de ferveur, les nouveaux occupants de la Maison-Blanche. Même si John Foster Dulles avait succombé à un cancer, la ligne dure qu'il avait définie dominait tout, à l'égal de la politique qu'appliquait son frère Allen, quelque peu niais mais non dépourvu d'influence, qui était demeuré à la tête de la CIA. Ainsi, la voie était ouverte à la tragicomédie de la baie des Cochons, à la crise des missiles cubains et au pire désastre provoqué par la politique extérieure américaine, à savoir la guerre du Vietnam. La politique établie et les convictions inébranlables de ses défenseurs ont suscité les plus graves erreurs qui aient été commises dans toute l'histoire des relations extérieures américaines.

Pendant et après la présidence de Kennedy, cette politique a orienté le rôle qu'ont joué mes trois amis les plus proches. Nouveaux venus au département d'État, ils ont affiché leur résistance à l'égard de ladite politique officielle et de ses principes sous-jacents. Tous trois occupaient des postes importants. Chester Bowles était le nouveau sous-secrétaire d'État, George Ball était le sous-secrétaire responsable des questions économiques, et Averell Harriman avait malheureusement hérité d'une fonction plutôt imprécise : celle d'ambassadeur extraordinaire.

Chester Bowles était celui qui critiquait le plus ouvertement la politique établie. Il était profondément convaincu que la pauvreté et les gouvernements répressifs, et non pas le communisme, représentaient la véritable menace pour tout le tiers-monde. C'est pourquoi il estimait que l'aide économique et le soutien aux réformes politiques et sociales, plutôt que l'envoi d'armes et la conclusion d'alliances militaires, constituaient la solution la plus appropriée. Il avait été ambassadeur en Inde sous Harry Truman et avait pu y observer personnellement l'ampleur de la pauvreté, les éventuelles solutions envisageables et l'indifférence de Jawaharlal Nehru à l'égard de la logique de la guerre froide. Pendant son séjour à New Delhi, il avait exprimé très clairement son appui aux réformes économiques. Il lui est même parfois arrivé de bénéficier, de la part des journaux indiens, d'une couverture de presse plus généreuse que celle accordée à Nehru lui-même.

Grand, costaud et vigoureux, Chester Bowles faisait aussi preuve d'un constant souci de partager son savoir. Dès qu'il observait un fait révélateur ou que surgissait en lui une idée importante, il en faisait part à son entourage. Personne n'aurait pu être plus profondément motivé à remettre en question les principes établis.

Le débarquement à la baie des Cochons a eu lieu quelques semaines après l'entrée en fonction de Bowles. Il en avait été informé par une source extérieure au sérail, l'a répété à d'autres et à moi et n'a laissé planer aucun doute quant à son opposition à cette action. J'ai exprimé mes objections à Kennedy avec une extrême prudence, étant donné que je n'étais pas censé être au courant de l'opération. En vain. Au cours des mois suivants, Bowles a continué de claironner son désaccord. D'autres parmi les nouveaux venus ont fait taire leurs réticences. Pas lui. Il s'est vigoureusement prononcé contre les alliances militaires avec les pays pauvres et pour le versement d'une aide économique en lieu et place. Son opposition au débarquement à la baie des Cochons lui a été reprochée, car le propre d'un bon défenseur de la politique officielle est de ne pas dire ce qu'il pense après un échec et encore moins après un désastre. Les tenants de la politique établie étaient tous d'accord : Bowles devait partir.

Il a été promu à une sinécure au sein de la Maison-Blanche : il n'occupait aucun poste défini et était tenu de garder le silence. Puis, lorsque mon séjour en Inde a pris fin, il y a été envoyé pour me succéder. On avait pu constater, dans mon cas, qu'il était possible de contrôler l'expression d'opinions contraires provenant de là-bas.

La carrière publique de Bowles prenait donc fin. Ce qu'il en coûtait d'exprimer un refus lucide des principes de la politique officielle n'aurait pu être montré plus clairement. La voix qui aurait presque certainement fait entendre la critique la plus virulente au sujet du désastre vietnamien qui s'annonçait avait été soigneusement étouffée.

George Ball l'a remplacé au poste de sous-secrétaire d'État. Il s'avérerait bientôt que l'establishment venait de commettre une grave erreur.

Avant sa nomination, Ball a gardé ses distances face à la politique qu'appliquait le Département d'État. Il s'intéressait surtout au commerce international ainsi qu'à l'union européenne, à laquelle il a apporté, avec son bon ami, Jean Monnet, une importante contribution. La guerre froide, les alliances militaires et les pays pauvres n'avaient jamais fait l'objet de son attention. Il semblait donc être le successeur tout indiqué de Chester Bowles.

Pour le plus grand malheur de ceux qui ont fait appel à lui, George Ball était doté d'une intelligence vive et d'une grande indépendance d'esprit. Peu après sa nomination, lorsque la guerre du Vietnam a commencé à monopoliser l'attention, il s'est mis à exprimer fermement son opposition. Celle-ci s'expliquait en partie par la connaissance des erreurs de jugement des militaires que lui et moi avions acquise en tant que codirecteurs de l'Étude sur les bombardements stratégiques.

Au cours des dernières années de la présidence de Kennedy et, sans relâche, pendant celle de Johnson, Ball a exposé, dans des mémorandums extrêmement fouillés et au cours de réunions à la Maison-Blanche, les motifs de son opposition à la guerre du Vietnam. L'envoi de troupes dans la jungle vietnamienne ne mettrait pas fin au conflit, mais servirait plutôt de prélude à un engagement accru. La promesse faite par les militaires en vertu de laquelle chaque nouvel envoi de troupes et chaque opération de bombardement supplémentaire seraient décisifs — car ce serait les derniers — ne valait, selon lui, tout simplement rien.

Ball prêchait dans le désert. Souvent, les civils sont fortement impressionnés par les militaires qu'ils côtoient, et la frontière entre la déférence et la soumission s'efface rapidement. Pendant la guerre du Vietnam, les dirigeants politiques dont je parlais plus haut ont affiché une tendance catastrophique à montrer qu'ils savaient être aussi intransigeants que n'importe quel général. Dès lors, ils pouvaient tout aussi bien accepter ou exiger l'envoi de troupes et obliger ainsi les soldats à risquer leur vie. George Ball a singulièrement été à l'abri de cette tendance.

En raison de l'expérience qu'il avait acquise pendant la Seconde Guerre mondiale, il était particulièrement sceptique à l'égard de l'efficacité des bombardements sur le Vietnam-du-Nord. Dans ce cas-ci, son opposition se heurtait vivement à la politique établie. Les militaires et, il va sans dire, l'Armée de l'air éprouvent une confiance inconditionnelle en l'efficacité des bombardements, qui, à leurs yeux, sont propres, d'une précision chirurgicale, contrairement aux opérations terrestres, qui sont fastidieuses et malpropres et qui font beaucoup de victimes. Ils en tirent une conclusion teintée d'optimisme : déchaînons le feu du ciel, car l'ennemi souffrira et il capitulera.

Rien ne saurait être plus profondément contraire aux leçons de l'histoire. On peut sérieusement douter que les bombardements stratégiques contre l'Allemagne aient véritablement abrégé la Seconde Guerre mondiale. Cette guerre a été remportée par les troupes au sol. De façon analogue, le contrôle total de l'espace aérien en Corée-du-Nord ne nous a pas permis d'éviter la terrible défaite sur le Yalou, défaite ayant eu pour conséquence que ce sont les forces au sol qui ont déterminé l'issue de cette guerre, ou plutôt qui l'ont menée à une impasse. C'est en raison de ces événements, à une grande part desquels il avait été étroitement associé, que Ball nourrissait des doutes sur le bien-fondé des bombardements sur les vastes étendues rurales du Vietnam-du-Nord, essentiellement parce qu'il s'agissait surtout de cibles agricoles et non militaires.

En ce qui concerne le Vietnam, Ball était écouté avec attention, car il savait exposer ses idées avec talent, avec éloquence même. Il affichait un air discrètement amusé lorsqu'il signalait les erreurs et les errements de chacun. Mais, si on le laissait parler, il n'a aucunement, comme je l'ai déjà dit, pu infléchir le cours des événements. Au contraire, peut-être. Une décision paraît plus crédible et a un impact plus grand lorsqu'elle est prise après qu'on a exprimé clairement une opinion divergente. Ou vous laissait volontiers exprimer votre opinion, à la condition que celle-ci ne soit pas portée à la connaissance d'un public plus vaste, ce que George s'est abstenu de faire. Toutes les parties s'étaient fait entendre, et c'était rassurant. La politique établie prévalait ensuite.

Les liens qu'Averell Harriman a entretenus avec la politique extérieure ont revêtu, c'est le moins qu'on puisse dire, un caractère exceptionnel. Comme je l'ai dit, il a entamé sa carrière dans les chemins de fer. La

Seconde Guerre mondiale l'a amené à procéder à l'envoi en Grande-Bretagne d'armes et de ravitaillement, puis à assumer des fonctions analogues à titre de représentant des États-Unis à Moscou. Il est ensuite devenu ambassadeur à la cour de Saint-James à la fin de la guerre, c'est-à-dire à une époque où le titulaire de ce poste était encore quelqu'un d'important.

Après ses années passées en Union soviétique, il est resté attaché au maintien de relations amicales avec ce pays. Il n'était certainement pas indifférent à la haute estime dans laquelle le tenait la population soviétique et il a conservé ce sentiment longtemps après la guerre. Je me souviens d'une anecdote à ce sujet. En 1959, lui et moi étions à Moscou, avec Marie, sa femme, qui conjuguait ouverture d'esprit et indépendance. Un jour, nous sortions de la chambre modeste qu'ils occupaient à l'Hôtel National donnant sur la place Rouge, lieu de prédilection des visiteurs étrangers, pour aller visiter une usine d'automobiles en banlieue de Moscou. Lorsque nous sommes arrivés dans l'énorme section principale de l'usine, le bruit s'est répandu parmi les travailleurs sur les chaînes de montage que Harriman était présent. La production a alors cessé, car les ouvriers quittaient leur travail les uns après les autres. Ils voulaient rencontrer l'homme qui, allié de leur pays, avait contribué à le sauver des griffes de Hitler. Harriman les a accueillis chaleureusement. Il était difficile d'imaginer homme plus heureux. Le plaisir qu'il retirait du fait que Marie et moi étions témoins de ce digne accueil prolétarien n'était pas moindre.

Son sentiment de tolérance à l'égard de l'Union soviétique amenait Harriman à résister à la politique établie concernant la guerre froide, mais il n'a hélas pu en infléchir le cours lui non plus. Sur la question cruciale de la guerre du Vietnam, il était entièrement opposé à tout engagement américain et il l'a exprimé on ne peut plus clairement en privé. En public, toutefois, il endossait la politique officielle. Pendant les réunions au département d'État, il exprimait son opinion personnelle mais il rentrait ensuite dans le rang. À Paris, il dirigeait les négociations menées avec les Nord-Vietnamiens. Lorsque nous discutions ensemble là-bas, il me faisait part de son opposition à la ligne dure maintenue par Washington, mais il s'y conformait néanmoins.

À cette époque, Bowles, Ball et Harriman n'étaient pas les seuls à se dissocier de la politique officielle. Il y avait aussi Arthur M. Schlesinger fils, ami intime, historien attitré et mentor du président Kennedy dans le domaine littéraire. Malheureusement, il ne faisait pas partie du haut commandement et son opinion pouvait être rejetée. Et elle l'a été.

Comme je l'ai dit, Robert McNamara et McGeorge Bundy étaient pratiquement les seuls, parmi les membres influents du gouvernement, à accepter volontiers de discuter de la catastrophe vietnamienne. Au fil des ans, McNamara a présenté un compte rendu détaillé de ses erreurs et de sa responsabilité en la matière. Il a fait preuve de courage en laissant ainsi parler sa conscience. D'autres ont gardé le silence toute leur vie, tout en sachant bien que, quoi que l'Histoire retienne de cette époque, ils n'échapperaient pas à la condamnation. Le problème ne résidait pas dans un manque d'intelligence, mais bien dans la soumission à la politique établie.

L'opposition la plus efficace à l'engagement au Vietnam n'est, en fin de compte, pas venue de l'intérieur du pouvoir exécutif, mais plutôt de l'extérieur. La figure déterminante n'a pas été l'un de mes vieux amis haut placés, mais plutôt Eugene McCarthy, sénateur du Minnesota. Poète et intellectuel de renom, il s'y est opposé très tôt. Avec Joseph Rauh, avocat et homme politique bien connu de Washington, j'ai contribué à le persuader de se porter candidat à l'investiture démocrate pour l'élection présidentielle de 1968 sur la base de la question vietnamienne. Il en a reconnu le caractère urgent et a annoncé, de notre résidence à Cambridge, son intention de se présenter.

Au pays, Eugene McCarthy est rapidement devenu le porte-parole le plus influent de la lutte contre la guerre du Vietnam. J'ai fait campagne avec lui et en son nom aux primaires démocrates du New Hampshire, du Wisconsin et de Californie, et j'ai mené auprès de tous ceux qui étaient à la fois riches et opposés à cette guerre une campagne de financement qui a connu un succès étonnant. Des étudiants et de simples citoyens ont délaissé les manifestations, qui restaient stériles, pour faire entendre une voix politique qui portait. McCarthy a obtenu de très bons résultats contre Johnson aux premières élections primaires. Un soir, en Californie, je m'apprêtais à monter au podium pour prendre la parole en sa faveur, lorsque quelqu'un m'a remis une note indiquant que Johnson venait de retirer sa candidature. Une certaine dose d'improvisation était devenue nécessaire.

Robert Kennedy a présenté sa candidature en l'axant sur la même question. Je suis resté aux côtés de McCarthy. Kennedy a gagné en Californie et, le soir de sa victoire, j'ai été réveillé par un appel provenant de Richard Goodwin, qui avait été un partisan de McCarthy avant de se rallier à Kennedy. Il voulait me dire que le moment était venu pour moi de me joindre à son camp. J'ai allumé le téléviseur et vu Kennedy gisant sur le sol dans la cuisine de l'hôtel Ambassador. Tout comme McCarthy, j'étais atterré.

Au congrès à l'investiture extrêmement agité de l'été 1968, j'assumais en théorie les fonctions de directeur des opérations pour McCarthy; je dis bien « en théorie », car personne n'a pu vraiment diriger grand-chose à cette occasion. M'adressant à un auditoire distrait, j'ai appuyé son investiture. Nous avons été battus par les forces régulières, supérieures en nombre et plus disciplinées de Humphrey. Toutefois, un incident survenu un peu auparavant m'avait permis de comprendre que l'appui donné à la guerre tirait à sa fin, en dépit de la défaite imminente d'Eugene McCarthy.

Les quartiers généraux des candidats avaient été établis, tout comme pour les précédents congrès à l'investiture, à l'hôtel Conrad Hilton, avenue Michigan. De l'autre côté de la rue se trouvait un parc où s'étaient rassemblés des centaines de manifestants, surtout des jeunes, contre la guerre. Une rangée de gardes nationaux tentait de les tenir à bonne distance de l'hôtel. Quelques partisans de McCarthy ont décidé, chacun son tour, de traverser l'avenue Michigan pour s'adresser aux manifestants et les assurer que nous plaidions leur cause au congrès. Un soir, mon tour est venu. Franchissant les rangs des gardes nationaux, je suis parvenu à un petit podium qui avait été installé là et doté d'un microphone.

J'ai décrit aux manifestants les efforts considérables que nous déployions et j'ai terminé mon discours en lançant un appel au respect de la nonviolence. Face à des manifestants non violents, ceux qui ont des armes ne peuvent gagner. Toutefois, face à une action violente, ils imposent généralement leur supériorité. J'ai ensuite lancé une affirmation que j'ai immédiatement souhaité pouvoir rattraper : « Je ne veux pas que vous vous battiez contre les gardes nationaux qui sont ici derrière moi. N'oubliez pas que ce sont des gars qui ont refusé d'aller se battre tout comme vous ! » En terminant ma phrase, j'ai compris que je n'aurais jamais dû prononcer ces paroles.

Je l'ai compris encore mieux lorsque j'ai quitté le podium pour rentrer à l'hôtel. Le sergent responsable du commandement a quitté les rangs et m'a dit : « Attendez un instant, monsieur. Pourrais-je vous parler un peu ? » Je me suis arrêté, prêt à entendre ses reproches.

Il s'est approché et m'a dit : « Je voudrais simplement vous serrer la main, Monsieur. Ce sont les premiers mots gentils pour nous que j'ai entendues depuis le début de la journée. »

C'est précisément cet incident qui m'a convaincu que la guerre ne pouvait continuer. Ce n'était plus qu'une question de temps.

De tous ceux qui se sont opposés à la guerre, Eugene McCarthy a agi avec la plus grande efficacité. Il en a fait une question de premier plan, ce que n'ont jamais réussi les opposants qui œuvraient à l'intérieur des cercles du pouvoir, comme je l'ai fait moi-même si longtemps. Malgré son succès, il a été un peu oublié, bien que cela résulte en partie de son propre vœu. Alors que la guerre tirait à sa fin, il a quitté le Sénat, abandonné la vie politique et délaissé la scène publique. Je l'ai rarement vu depuis.

13

Portraits de la scène internationale

La première assemblée politique d'importance à laquelle j'ai assisté a dû avoir lieu en 1919 ou en 1920, quand j'avais onze ou douze ans. Elle se déroulait dans une ferme au sud de London, en Ontario, un peu au nord du lac Érié. Ma famille et moi sommes arrivés à bord de notre Modèle T, lancé trois ou quatre ans auparavant ; bien des gens étaient venus dans des voitures à chevaux. L'orateur invité était William Lyon Mackenzie King, récemment devenu chef du Parti libéral à la suite du décès de sir Wilfrid Laurier, l'un des pères fondateurs du Canada moderne. King était longtemps resté dans l'ombre de Laurier, mais ce jour-là, l'accueil a été enthousiaste, à juste titre, d'ailleurs. Hélas, je n'ai conservé aucun souvenir de la teneur de son discours, mais c'est tout de même ainsi que s'est produit mon premier contact avec les hommes politiques canadiens.

Par la suite, j'ai revu King mais je n'ai jamais fait sa connaissance. Il a été l'un des hommes politiques les plus importants et les plus intéressants du XXe siècle, et c'est son habileté qui a permis au Canada de survivre à l'épreuve de la Seconde Guerre mondiale. Le désir de ses compatriotes d'aller se battre en Europe à nouveau n'était pas très vif. Les terribles souvenirs de la Première Guerre mondiale, au cours de laquelle les troupes canadiennes avaient subi des pertes massives, étaient encore présents dans les esprits; personne n'était enchanté par la perspective d'une autre bataille sur la crête de Vimy. En outre, les francophones du Canada n'étaient pas enclins à aller sauver la France encore une fois. King a catalysé les efforts de tous et, avec Churchill et F. D. R., a été l'un des acteurs clés de la conférence de Québec et de celle qui s'est tenue au large de Terre-Neuve, et ce sont ces conférences qui ont orienté le déroulement de la guerre et défini les objectifs de paix, c'est-à-dire les Quatre Libertés. Tout cela, je l'ai observé avec intérêt mais à distance. Comme directeur des opérations américaines de contrôle des prix, je me préoccupais de la coordination des politiques de prix et de rationnement adoptées par Washington et par Ottawa, coordination qui n'a pas, en fin de compte, posé de graves problèmes.

Je reviens à mes années de jeunesse. À l'époque, j'ai entendu de nombreux discours exposant la politique que préconisait Mackenzie King. Dans la partie ouest du comté d'Elgin, adjacent à celui où j'ai entendu pour la première fois King prendre la parole, mon père était le leader incontesté des *Grits*, comme on appelait alors les libéraux. Aux États-Unis, il aurait été un cacique. La question la plus importante à l'époque était celle du libre-échange, qui aurait rendu possible la vente, si ardemment désirée dans la région, de produits agricoles régionaux aux États-Unis. L'opposition conservatrice prônait une politique vigoureusement protectionniste. En 1911, elle avait remporté une victoire électorale remarquable avec le slogan « Pas de troc ni de commerce avec les yankees » *(No truck or trade with the Yankees)*.

Le discours dont je me souviens le plus clairement, et dont j'ai souvent parlé, c'est mon père qui l'a prononcé à l'occasion d'une vente aux enchères. Les cultivateurs qui se rassemblaient alors formaient un auditoire très convoité. En période électorale, le commissaire-priseur devait, quelles que fussent ses réserves, céder temporairement la place à un orateur politique. Perché sur un gros tas de fumier à cette occasion, mon père n'en finissait plus de s'excuser de prendre la parole sur le terrain des conservateurs. La réaction a été enthousiaste. Le goût de la mise en scène politique ne m'a jamais quitté depuis.

Parce qu'il avait fait des études à Harvard, King était fortement enclin à s'entourer de subalternes qui avaient suivi une voie analogue. Je connaissais un grand nombre de ces derniers et j'ai maintenu avec plusieurs d'entre eux une collaboration qui a duré jusqu'à leur mort. C'est par l'intermédiaire de ses amis de

Harvard, alors au faîte de la hiérarchie politique, que j'ai fait la connaissance de Lester Bowles Pearson et de Pierre Elliott Trudeau, qui ont, au fil des ans, tous deux succédé à King au poste de premier ministre.

Lester Pearson était un homme politique et un diplomate fort estimé. Il a également joué un très grand rôle dans la création de l'Organisation des Nations unies. Il a reçu le prix Nobel de la paix pour avoir dirigé les négociations qui ont mis un terme à la guerre israélo-arabe de 1956.

Après son passage dans la diplomatie, il a fait son entrée sur la scène politique canadienne en étant élu député au Parlement, avant de devenir chef du Parti libéral en 1958 et premier ministre quatre ans plus tard. Il a laissé le souvenir d'un homme d'exception : charme, accueil chaleureux, conversation facile et discours captivant. En politique intérieure, il a beaucoup contribué, avec intelligence et mesure, à faire entrer le Canada dans le monde nouveau de l'État-providence. En politique extérieure, il a suivi et dépassé Mackenzie King dans les efforts déployés pour faire de son pays un acteur de premier plan sur la scène internationale. Il a fait preuve de sensibilité et d'habileté en ce qui concerne la question de politique extérieure la plus fondamentale au Canada : celle des rapports avec les États-Unis. À ses yeux, ces derniers ne représentaient pas un voisin tout-puissant auquel le Canada, quelles que fussent ses réticences, devait s'adapter, mais bien un pays avec lequel on pouvait s'entendre, faire des affaires dans un cadre amical et envers lequel on devait faire preuve d'indépendance lorsqu'il le fallait. Son action allait à la fois dans le sens de la protection de l'identité nationale et de l'amélioration des conditions de vie matérielle.

Le Pacte de l'automobile conclu entre les deux pays au milieu des années 1960 fournit un exemple intéressant de ce dernier facteur. Le Canada possédait (et possède encore) une très forte industrie de l'automobile concentrée à Windsor, de l'autre côté de la rivière Detroit, juste en face de la ville éponyme, ainsi qu'à Oshawa, à l'est de Toronto. Cette industrie florissait, on s'en doute, grâce à la politique de protection tarifaire, mais la fabrication de pièces de rechange devait se faire à une échelle qui ne la rendait pas rentable. Il était donc souhaitable d'envisager un approvisionnement plus ample, plus efficace et moins coûteux pour les deux pays, de même que de faciliter le commerce entre eux. Non sans difficulté, les négociations ont abouti à la signature d'un traité, et c'est au ranch texan de Johnson que les chefs d'État se sont réunis pour en célébrer la conclusion. La presse était présente en grand nombre. L. B. J. a parlé en termes chaleureux du voisin du nord, du modèle de coopération pacifique entre États qui était offert au monde entier et du premier ministre du Canada qui méritait toute l'estime dans laquelle il était tenu. Il l'a ensuite présenté de la façon suivante : « l'honorable Drew Pearson ». Chroniqueur américain le plus célèbre de son époque, Drew Pearson était l'un des critiques les plus virulents de l'action du président. Tout le monde a malheureusement pu voir clairement qui occupait les pensées de ce dernier à ce moment précis.

J'ai ensuite revu Lester Pearson à maintes reprises. Il m'a toujours réservé un accueil amical et chaleureux, suivi d'une discussion agréable sur les principaux problèmes de l'heure. La convergence de nos intérêts a été vivement mise en relief au cours de l'été de 1963. De retour aux États-Unis après mon séjour en Inde, j'étais brièvement revenu à la Maison-Blanche. Pearson et Kennedy s'étaient réunis à Hyannis Port pour des pourparlers d'ordre général portant, entre autres sujets, sur la question épineuse des droits aériens. Lorsque les compagnies canadiennes, c'est-à-dire surtout Air Canada à l'époque, ont voulu établir des liaisons aériennes avec les États-Unis — la Floride, Philadelphie, Washington et autres hauts lieux de culture ou de villégiature —, on leur a demandé ce que le Canada avait à offrir en échange. Malheureusement, les grandes villes canadiennes que sont Montréal, Toronto et Vancouver ne se trouvent qu'à quelques kilomètres de la frontière. Les compagnies aériennes américaines ne voyaient aucun avantage à offrir des vols pour la baie d'Hudson. Les discussions étaient dans l'impasse. À quelques exceptions près, les vols canadiens se terminaient aux aéroports frontaliers, tout comme les vols américains en sens inverse. Les compagnies américaines se réjouissaient d'une telle situation, qui leur permettait de transporter les passagers canadiens devant effectuer de longs vols à l'intérieur des États-Unis, mais qui rendait nécessaires de nombreuses correspondances à Buffalo, à Detroit ou dans d'autres aéroports frontaliers — situation fort désagréable.

Le président et le premier ministre ont alors décidé de régler définitivement la question. Une commission bilatérale serait mise sur pied et disposerait de toute l'autorité voulue pour négocier, établir des liaisons binationales et régler les problèmes en suspens. Kennedy a fait la déclaration suivante : « Je vais nommer Kenneth Galbraith au sein de la commission ; il était Canadien auparavant et il comprendra le problème. » Pearson a alors répondu : « Puisqu'il était un de nos concitoyens, je vais le nommer moi aussi. » Kennedy est rentré à Washington pour m'informer avec plaisir que je serais le seul membre d'une commission bicéphale.

Je partageais son amusement et je me suis donc mis au travail : réunions à Ottawa et à Washington et négociations avec les transporteurs américains et les responsables des politiques gouvernementales en matière de transport aérien. Je faisais l'objet d'une attention particulière lorsque je volais de Boston à Washington.

Défendant les intérêts des deux pays, je négociais ferme avec moi-même. En deux ou trois semaines à peine, j'avais attribué des liaisons : les compagnies canadiennes pourraient atterrir à Chicago, à Los Angeles, en Floride et ailleurs ; les compagnies américaines auraient accès aux grandes villes canadiennes. L'apparition des long-courriers avait modifié la donne et les compagnies américaines ne voyaient plus l'intérêt de faire atterrir leurs avions à Buffalo pour envoyer leurs passagers à Toronto par l'intermédiaire d'un autre transporteur. Seule la société Pan Am avait formulé des objections, mais cela était sans conséquence. Cette entente marquait un jalon dans l'histoire des négociations et des accords internationaux. Quelques semaines plus tard, j'ai informé Kennedy de mon succès. Il était furieux. « Personne ne va croire que tu as fait quelque progrès que ce soit en si peu de temps. Attends un peu et nous annoncerons les résultats dans quelques mois. » J'ai accepté, mais il a rapidement changé d'avis. Tout le monde, y compris Pearson, était ravi. Il était inévitable que, au fil des ans, mon plan accuse ses limites et cède la place à un accord de type « ciel ouvert ». Rien n'est éternel.

Le décès de Pearson, survenu en 1972, à l'âge de soixante-quinze ans, m'a profondément attristé. Le sentiment de perte que j'ai alors éprouvé a été ressenti partout aux États-Unis et très vivement au Canada. Des services commémoratifs ont été organisés, dont un ayant réuni une foule nombreuse à Boston, en l'honneur du très attachant et très estimé voisin du nord qui venait de nous quitter.

La personnalité chaleureuse et l'intelligence de Pearson ont laissé un vif souvenir dans les deux pays. Bon nombre d'Américains qui atterrissent à Washington ne portent pas dans leur cœur les noms des aéroports de cette ville, qui honorent Ronald Reagan et, surtout, John Foster Dulles. Aucun Canadien ni, d'ailleurs, aucun Américain n'éprouve de sentiment négatif en apprenant que l'aéroport bien achalandé de Toronto a été baptisé « Lester-Pearson ».

Ma collaboration avec Pierre Trudeau s'est également révélée agréable et fructueuse au fil des ans. Devenu premier ministre après le départ de Pearson en 1968, il affichait fièrement ses origines francophones tout en étant fortement attaché à un Canada uni. La question du Québec, comme on dit, est là-bas un sujet de conversation incontournable. Si on est à court de sujet de conversation, cette question peut être abordée avec la rassurante certitude que rien de neuf ne sera dit à ce propos. Pour sa part, Trudeau n'a jamais accepté de se laisser distraire par cela. L'unité du Canada était un fait accompli à ses yeux, et chacun s'apercevait rapidement qu'il s'agissait là pour lui d'une question qui ne méritait même pas d'être débattue.

Plus sujette à la réflexion était sa position concernant les relations entre le Canada et les États-Unis. Elle était agréablement nuancée — et franche. L'affection qu'il portait à la vie sociale et littéraire américaine ainsi qu'à ses amis américains était très vive. Il a déjà dit, ou du moins on le rapporte : « Mieux vaut une fin de semaine à New York qu'une semaine à Montréal. » Parallèlement, il était attaché, davantage même que Pearson, à l'indépendance d'action du Canada. Ainsi, lorsque la question de la reconnaissance de la Chine continentale par les États-Unis s'est embourbée dans les stupides querelles politiques de l'époque, qui résultaient de la crainte de paraître timoré envers le communisme, il a sagement mené son pays sur une voie différente : le Canada a reconnu la Chine. Il aurait aimé doter le Canada d'une politique économique nationale vigoureuse, mais il savait très bien qu'une telle politique serait largement tributaire d'influences internationales cycliques attribuables aux périodes d'expansion et de récession économiques, qui limitent l'autonomie d'action de tout gouvernement. Au moment de la récession survenue dans les années 1970, Trudeau a néanmoins mis en œuvre une politique canadienne spécifique en ce qui concernait l'économie en général et l'emploi en particulier, y compris par le recours à l'emprunt public pour lutter contre le chômage. Il a en outre appliqué un contrôle des prix et des salaires qui, bien que désagréable, a pu prévenir une inflation débridée tout aussi détestable. Nous avons discuté de ces questions à de nombreuses reprises et de façon détaillée. Pierre Trudeau a été, à mon avis, le seul homme politique à reconnaître publiquement, et peut-être imprudemment, une certaine adhésion à mes thèses.

Conformément à la tradition politique française, Pierre Trudeau ne s'intéressait pas qu'aux questions politiques et certainement pas aux seules questions économiques. Il cultivait également, comme je l'ai dit précédemment, une passion pour la littérature et les arts. Il ne fait aucun doute que, sur toute liste des personnalités politiques les plus érudites et les plus captivantes de la scène politique américaine ou canadienne contemporaine, son nom figurerait en tête ou tout près.

Feu Gunnar Myrdal, le grand économiste et philosophe suédois, a réalisé une étude il y a plusieurs années en vue de déterminer, compte tenu des difficultés causées par les différences ethniques, les facteurs géographiques et la situation économique, quel était le pays le mieux gouverné du monde. Il avait conclu que c'était le Canada. Nul doute qu'il en serait de même aujourd'hui, avec une mention particulière en faveur de Lester Pearson et de Pierre Trudeau.

Au cours des années qui ont suivi la Seconde Guerre mondiale, les liens les plus étroits ont été établis entre les hommes et les quelques femmes qui dirigeaient le Parti travailliste britannique, au pouvoir ou dans l'opposition, et leurs homologues du Parti démocrate aux États-Unis, c'est-à-dire ceux qui ont œuvré pour Truman et la plupart de ceux qui ont collaboré avec Adlai Stevenson puis avec John F. Kennedy. Les plus connus du côté britannique ont été Hugh Gaitskell, successeur de Clement Attlee à la tête du Parti travailliste, le premier ministre Harold Wilson, Roy Jenkins, chancelier de l'Échiquier et titulaire de maints autres postes avant et après, Aneurin Bevan, Anthony Crosland, Richard Crossman et John Strachey, qui ont tous occupé des fonctions de premier plan. Peuvent aussi être ajoutés les noms de James Callaghan, le dernier premier ministre travailliste avant le long règne de Margaret Thatcher, de Denis Healey et de Shirley Williams, qui méritent tous deux la notoriété dont ils jouissent, cette dernière l'ayant acquise d'abord en

Angleterre, puis à Cambridge, au Massachusetts. Avec mes collègues progressistes, j'ai joué un rôle modeste du côté américain.

Nous nous rencontrions à Londres pour discuter, entre autres sujets, de l'action à entreprendre au sein de chacun de nos pays et non de la nature des relations entre eux. Nous nous rencontrions également aux États-Unis, où notre maison à Cambridge faisait souvent office de lieu de débats et d'hébergement (il n'était pas bien vu de gaspiller de l'argent dans des hôtels). La plupart des membres de notre confrérie britannique, mais pas tous, étaient passés par Oxford ou Cambridge. Harvard avait le même statut chez les Américains.

À ceux qui œuvraient au sein de la Chambre des communes et du Parti travailliste s'ajoutaient trois économistes très brillants, très habiles et très présents en politique : Nicholas Kaldor, à Cambridge, Thomas Balogh, à Oxford, et Eric Roll, haut fonctionnaire pendant de nombreuses années. La carrière de ces trois hommes constitue un hommage à l'esprit d'ouverture qui anime la vie politique britannique. Tous trois étaient arrivés en Angleterre dans les années ayant suivi la Première Guerre mondiale parce qu'ils avaient fui les odieuses tyrannies d'Europe de l'Est. Tous trois étaient juifs. Tous sont parvenus au sommet de la vie politique (et intellectuelle) britannique : Balogh et Kaldor ont amorcé leur carrière à l'université, tandis que Roll, après un passage dans la fonction publique, a pris une part essentielle à l'élaboration de la politique économique britannique, notamment dans la gestion du plan Marshall, avant de devenir directeur de la Banque d'Angleterre. Tous trois sont devenus membres à vie de la Chambre des Lords. Balogh et Kaldor sont décédés au début des années 1990 ; au moment où j'écris ces lignes, une grande fête vient d'être organisée à Londres pour célébrer le quatre-vingt-dixième anniversaire de naissance d'Eric Roll.

Tous ceux que je viens de nommer ici ont accordé une attention soutenue à la politique économique américaine et ont offert à leurs homologues américains une information privilégiée au sujet des politiques britanniques et des mesures que celles-ci annonçaient. Rarement y a-t-il eu entre deux pays une collaboration plus étroite et, je ne peux m'empêcher de le penser, plus satisfaisante.

Parmi les hommes politiques britanniques que j'ai connus à cette époque, j'ai pu établir une coopération fructueuse avec Hugh Gaitskell et James Callaghan, plus durable avec John Strachey, plus prolongée et plus étroite que toute autre avec Roy Jenkins.

Gaitskell était, de l'avis de tous, un homme admirablement bien informé et profondément dévoué. Au cours des multiples discussions que nous avons eues, il était toujours en mesure d'offrir une opinion solidement étayée sur tous les sujets. Il aurait été un très grand premier ministre, mais est décédé prématurément en 1963, âgé de cinquante-six ans. Sa perte a été douloureuse pour nous tous.

James Callaghan, après avoir détenu différents

postes au sein du cabinet, y compris celui de ministre des Affaires étrangères, est devenu premier ministre en 1976 après le départ de son moins illustre prédécesseur, Harold Wilson. Il a ensuite cédé la place à Margaret Thatcher, en 1979. Calme, charmant, parfois enclin à des erreurs de jugement, il a apporté une touche de charme irlandais à la politique anglaise. Tout comme Gaitskell et Attlee, il était attaché à une conception humaniste de l'État-providence, aux libertés individuelles et au maintien d'une attitude modérée à l'égard de la guerre froide. Je prenais plaisir à lui rendre visite à Downing Street, où nous nous lancions dans de vastes débats d'ordre économique et politique. Mon souvenir le plus vif à son sujet remonte toutefois à 1976, quand nous avions partagé la tribune à l'occasion de la commémoration de l'anniversaire d'Adam Smith, à Kirkcaldy, sa ville natale, en Écosse.

Adam Smith, le fondateur des sciences économiques modernes, le principal opposant à toute emprise de la logique mercantile sur la gestion de l'État et le commerce, précis dans la définition des fonctions essentielles de l'État, méfiant à l'égard de la dynamique sous-tendant toute société par actions et partisan d'un régime d'imposition correspondant aux nécessités du moment, y compris d'un impôt sur le capital, est un penseur trop important pour être laissé (comme c'est souvent le cas) entre les mains des conservateurs, qui exaltent l'accent qu'il a mis sur la puissance des motivations pécuniaires. Ne l'ayant pas lu, ils le considèrent comme l'un des leurs.

Un grand nombre de ces conservateurs, dont Friedrich von Hayek, le plus influent des docteurs de cette Église et l'auteur de *La Route de la servitude*, étaient présents à Kirkcaldy. Ceux qui préconisaient une interprétation plus large et plus juste des thèses de Smith s'y trouvaient également.

Kirkcaldy était devenue un important centre manufacturier de linoléum ; malheureusement, le procédé de fabrication engendre l'émission d'odeurs nauséabondes. C'est en partie pour cette raison que les participants à la cérémonie étaient logés à St. Andrews, réputé pour ses terrains de golf et situé à quelque trente-sept kilomètres, où on venait en taxi depuis Kirkcaldy pour nous ramener sur les lieux des activités. J'étais l'orateur principal de la première journée, et on avait décidé que Callaghan serait mon compagnon de taxi. À l'instar de tout politicien travailliste et certainement de tout membre irlandais de sa profession, il a immédiatement engagé la conservation avec le chauffeur de taxi, qui n'était pas sans connaître l'identité de son illustre passager.

« J'imagine, mon ami, que les gens de Kirkcaldy sont très fiers de célébrer aujourd'hui l'anniversaire d'Adam Smith.

— C'est certain, Monsieur. C'est certain que oui.

— Vous le connaissez pas mal par ici, non ?

— Je sais seulement que c'est lui le fondateur du Parti travailliste, Monsieur. »

Parmi les figures dominantes du Parti travailliste,

c'est avec John (Evelyn John St. Loe) Strachey et Roy Jenkins, devenu ensuite Lord Jenkins de Hillhead, que j'ai établi les liens d'amitié les plus étroits.

J'ai fait la connaissance de John Strachey en Inde, en 1956. Membre d'une illustre famille liée à l'Inde depuis les débuts de la présence anglaise dans cette région, il agissait alors en tant que consultant pour le Second Plan quinquennal, qui prenait, comme je l'ai déjà dit, une forme vaguement socialiste. Érudit, éloquent et charmant, Strachey aurait difficilement pu être mieux préparé pour une telle tâche. Plus jeune, il avait professé des idées communistes, même si, ainsi qu'il me l'avait fait remarquer, il n'avait jamais été officiellement membre du parti, pour des raisons de stratégie politique. On estimait qu'il serait plus efficace et plus influent s'il agissait de l'extérieur. Comme d'autres, il a rompu toute association avec le parti après la signature du pacte de non-agression germano-soviétique en 1939.

Je connaissais bien ses vues antérieures, car, dans les années 1930, son livre intitulé *The Coming Struggle for Power* était l'ouvrage marxiste le plus lu de l'époque. À Harvard, comme plusieurs de mes collègues, j'ai intégré cet ouvrage aux travaux dirigés de mes étudiants, non pas parce que je fusse entièrement d'accord avec son propos, mais en raison des doutes et du questionnement qu'il pouvait susciter. Les étudiants de premier cycle à Harvard se recrutaient alors chez les fils de riches, et la lecture de ce livre pouvait les inciter à s'interroger sur leur situation privilégiée, qu'ils prisaient fort et qu'ils croyaient éternelle. Je me suis particulièrement réjoui de voir Strachey, après avoir été ministre de l'Alimentation dans le cabinet Attlee à l'issue de la guerre, devenir secrétaire d'État à la Guerre. Ses fonctions l'ont amené à se rendre à Washington et au Pentagone, où la réaction des anticommunistes virulents devant l'obligation de traiter avec quelqu'un ayant un tel passé politique a été, pour tout observateur attentif, une véritable source de plaisir.

Après son passage à Calcutta à l'Institut indien de statistiques, très réputé à cette époque, Strachey s'est joint à Catherine Galbraith et à moi pour partir à la découverte des nombreuses régions de l'Inde, des États méridionaux jusqu'au Cachemire, à l'extrême nord du pays. Nous avons alors effectué un captivant périple qui s'est étalé sur plusieurs semaines et qui a suscité les doutes précédemment évoqués au sujet de la pertinence de l'adoption par l'Inde de toute perspective globalement socialiste. Je pense encore parfois à la remarque que j'ai faite à cette époque : ce pays offre, sur le plan économique, le principal exemple mondial de chaos fonctionnel.

Ce voyage a constitué une initiation passionnante à la vie et à la culture indiennes, ainsi qu'à la scène sociale et politique et à ses bizarreries. Dans un cas précis, il a aussi illustré de façon admirable les convictions antérieures de Strachey quant à la puissance de l'impérialisme capitaliste, d'abord, et américain, ensuite. À Hyderabad, dans le centre de l'Inde, nous avions été invités à dîner par la section locale du Rotary

Club. Ses membres nous étaient présentés à mesure qu'ils arrivaient :

« M. Strachey, professeur Galbraith, voici le rotarien Desai. Le rotarien Desai est le plus célèbre bijoutier de tout Hyderabad. »

Les présentations se sont poursuivies jusqu'à ce qu'arrive à notre hauteur la quatrième ou cinquième personne, un homme de petite taille, mais costaud.

« M. Strachey, professeur Galbraith, voici le rotarien Sahgal. Le rotarien Sahgal est le chef de notre Parti communiste ici, à Hyderabad. »

Notre amitié avec John Strachey s'est maintenue à Londres et aux États-Unis par la suite. Plus que quiconque, y compris mon éditeur, c'est Strachey qui a attiré l'attention sur *L'Ère de l'opulence* en Grande-Bretagne. En outre, personne n'a jamais fait mieux que lui pour m'informer avec perspicacité des tenants et des aboutissants de la politique britannique.

En 1963, à la fin de mon mandat d'ambassadeur en Inde, Catherine Galbraith, voyageuse impénitente, a décidé, avant de rentrer au pays, de faire un arrêt en Afghanistan, essentiellement parce qu'elle n'y était encore jamais allée. Fatigué, je me suis accordé de brèves vacances à Majorque. Un jour, je suis allé de Palma à Deya dans le but d'aller rendre visite à Robert Graves, que je connaissais et admirais depuis assez longtemps. Comme je m'y attendais, la rencontre a été tout à fait agréable. Après l'avoir quitté, je me suis arrêté dans un petit hôtel au sommet d'une colline, que jouxtait un joli restaurant doté d'une terrasse couverte d'une tonnelle. Me reconnaissant, un jeune homme barbu à l'air empesé et triste m'a alors demandé s'il pouvait s'asseoir à ma table. Il appartenait au milieu littéraire local, sensible à l'attraction exercée par Graves. Je lui ai offert un café. Il m'a parlé des énormes difficultés de la vie d'écrivain; en réponse, j'ai murmuré que cette vie me plaisait bien.

Il a réagi vivement: « Vous ne savez vraiment pas ce que c'est, la vie d'écrivain. Vos trucs se vendent. »

Je me souviens bien de cette conversation, car c'était une journée triste pour moi aussi. En regagnant mon hôtel à Palma, ce soir-là, j'ai appris qu'on m'avait appelé pour m'informer du décès de John Strachey. J'ai remanié mon emploi du temps et je me suis rendu à Londres pour rédiger une notice nécrologique et me joindre à la multitude de ceux qui étaient en deuil. Par la suite, mes séjours en Angleterre ne m'ont jamais plus semblé aussi agréables.

Plus que tout autre homme politique britannique, américain ou autre, c'est avec Roy Harris Jenkins que j'ai entretenu et que j'entretiens toujours les plus profonds liens d'amitié depuis la mort de Strachey.

Nous avons fait connaissance peu après la Seconde Guerre mondiale, au moment où, après avoir travaillé comme spécialiste du décryptage à Bletchley Park, soit la plus secrète, la plus complexe et peut-être la plus importante de toutes les opérations britanniques en temps de guerre, Jenkins entamait une nouvelle carrière au Parlement. En 1955, nous avons assisté ensemble à une conférence du Parti travailliste à Margate, qui m'a offert une agréable initiation à la rhétorique politique britannique, plus soutenue et peut-être également plus prévisible que son homologue américaine. Par la suite, j'ai vu Jenkins devenir successivement ministre de l'Aviation, ministre de l'Intérieur, chancelier de l'Échiquier et président de la Commission européenne à Bruxelles. Puis, il a été le principal fondateur et le chef du Parti social-démocrate, qu'il a dirigé de la Chambre des Lords pendant de nombreuses années, tout en occupant le poste de président honoraire de l'université d'Oxford. Et ce n'est pas tout, loin de là. Il est également le plus éminent auteur de biographies politiques en Grande-Bretagne, bien connu des lecteurs britanniques pour ses ouvrages sur, entre autres, Stanley Baldwin et William Ewart Gladstone, et des lecteurs américains pour sa biographie de Harry S. Truman.

Dans une conversation à saveur politique, si Roy Jenkins ne semble pas accorder toute son attention à la question qui en fait l'objet, c'est simplement parce qu'il y a déjà réfléchi; il arrive ainsi à exprimer son avis immédiatement et avec précision. Toute sa pensée est axée sur la paix, la négociation, le pragmatisme, et jamais sur des facteurs idéologiques. C'est précisément parce qu'il méprisait les dogmes du passé qu'il a rompu avec le Parti travailliste et qu'il a mis sur pied et dirigé le Parti social-démocrate.

Comme je l'ai dit, nous sommes des amis intimes depuis de nombreuses années et nous nous rendons mutuellement visite en Angleterre et en Nouvelle-Angleterre, notamment au Vermont, pour lequel Jenkins et son épouse, Jennifer, partagent notre vive affection. Longtemps à la tête la Caisse nationale des monuments historiques et des sites, Jennifer Jenkins a assuré la préservation de maints joyaux architecturaux britanniques au bénéfice des générations actuelles et futures.

Il peut aussi se produire des événements inattendus au long d'une amitié aussi durable et aussi intime que celle que nous partageons avec les Jenkins. Notre famille se souvient bien de l'un de ces événements d'une insignifiance absolue. À l'époque où Roy était chancelier de l'Échiquier, je me suis rendu en Israël pour donner quelques conférences. Avant de regagner les États-Unis, je me suis arrêté à un camp établi près de Haïfa pour y laisser mon fils James, qui était alors étudiant et est maintenant professeur émérite à l'Université du Texas. Il devait ensuite rentrer en avion, après une escale à Londres. À son arrivée à Heathrow, il a dûment décliné l'adresse où il était censé séjourner en Angleterre, soit le 11 Downing Street, où, en accord avec les Jenkins, il resterait quelque temps. Il a tout de suite été mis en garde à vue, ce qui s'explique peut-être un peu par sa tenue vestimentaire très peu distinguée. Un responsable arrive et lui demande de dire qui habite au 11 Downing Street. Voulant montrer qu'il ne peut pas ne pas le savoir, Jamie répond : « Le chancelier de l'Échiquier, bien sûr. » Le responsable disparaît. Un autre se présente et pose quelques questions. L'autobus pour Londres démarre. Jamie demeure en garde à vue et ses bagages poursuivent leur manège sur le carrousel. En fin de compte, un supérieur hiérarchique fait son entrée, examine attentivement le passeport de mon fils et lui demande s'il a un lien de parenté avec Galbraith l'économiste. Ayant reçu une réponse affirmative, il libère alors mon fils sans un mot d'excuse.

La question a été posée et continuera de l'être : pourquoi Roy Jenkins n'est-il jamais devenu premier ministre ? On peut affirmer, comme certains l'ont déjà fait, que c'est parce qu'il n'adhérait pas aux principes politiques du Parti travailliste. Mais c'est également parce qu'il n'a pas voulu renoncer aux autres champs d'intérêt qu'il entretenait en dehors de la politique. Il aimait bien écrire. Il était et demeure aussi très attaché aux questions d'éducation et à la vie intellectuelle en général, comme le reflète son long mandat au poste de président honoraire de l'université d'Oxford. Enfin — et on le lui a parfois reproché — il n'a pas voulu se refuser, pour des motifs d'ordre politique, toute la gamme des plaisirs de la vie. Après tout, celle-ci ne se limite pas à la politique.

La liste des dirigeants politiques étrangers que j'évoque ici pourrait être plus longue. La Seconde Guerre mondiale a ouvert la voie à la tendance la plus progressiste possible : celle qui a favorisé l'établissement de liens étroits entre les acteurs politiques de différents pays. J'ai moi-même collaboré avec des leaders provenant de France, d'Allemagne, d'Italie, du Japon et, dans une certaine mesure, d'Union soviétique. J'ai poursuivi un tel objectif, dans le but de contrecarrer vigoureusement tout nationalisme étroit et dominateur, trop souvent confondu avec le patriotisme. Compte tenu de la menace que les doctrines militaires et les arsenaux modernes font peser sur le monde, il s'agit d'un élément d'espoir, parmi d'autres, pour la survie de l'humanité.

C'est ainsi que je m'apprête à conclure. La plupart de ceux dont j'ai parlé sont entrés dans l'histoire. Leur a succédé une nouvelle génération de dirigeants politiques, dont quelques-uns que je connais mais au sujet desquels j'ai peu de chose à ajouter. Mes relations avec William Jefferson Clinton datent déjà de plusieurs années ; Catherine Galbraith et moi avons été ses invités en Arkansas, je lui ai rendu visite à Washington et je l'ai appuyé dans deux élections. Mais c'est tout.

Durant la semaine de l'automne 1998 pendant laquelle la Chambre des représentants a débattu la question de son éventuelle destitution, j'ai dû être hospitalisé en raison d'une brève mais désagréable pneumonie. J'étais profondément attristé de ne pas me trouver plutôt dans un hôpital psychiatrique. Là, j'aurais éprouvé une affinité plus vive avec les événements qui se déroulaient à Washington.

Pendant plusieurs années, Albert Gore père a été

mon ami le plus proche au Congrès. Il s'est vigoureusement porté à ma défense lorsque, à titre de responsable de l'établissement des prix durant la guerre, je les ai maintenus à un niveau inférieur à celui où ils auraient pu se situer au profit de certains. Mais je ne connais que très peu le fils exceptionnellement doué d'Albert Gore. Il appartient à un monde nouveau. Il en va de même pour bien d'autres. À un moment où j'étais retourné quelques jours à l'Université de Cambridge en Angleterre, Tony Blair est venu participer à une classe dirigée sur les sciences économiques qui durait toute la journée. C'est malheureusement le seul échange de propos que j'aie eu avec lui.

Une nouvelle génération prend la relève. Cet ouvrage n'appartient pas au présent, mais bien à un passé relativement récent. Il y a un avantage à cela. Les opinions et les interprétations, y compris celles des protagonistes, peuvent changer. L'histoire, elle, est gravée dans la pierre à tout jamais.

Table des matières